教えて合田《ごうだ》先生!

18歳までに知っておきたい お金の授業

ファイナンシャルプランナー
合田菜実子 著

C&R研究所

はじめに

お金とキャリア教育の専門家(マネキャリサポーター®)の合田菜実子《ごうだなみこ》です。

大学で、キャリアデザインや、パーソナルファイナンス関連の授業を担当しながら、小学校から大学まで、いろんな学校で「お金の教育」に携わっています。小中高生、大学生などに「お金との上手なつき合い方、お金の知識」を伝える授業(パーソナルファイナンス教育)をはじめて約10年になります。のべ、2〜3万人以上の学生たちに「お金の大切さ」と「お金の上手なつき合い方」について伝えてきました。


私はお金の授業のとき、毎回、学生たちに投げかける質問があります。

「お金は好きですか?」

「ハーイ」と、ほとんどの学生は元気に答えてくれます。

「どうして好きなの?」と聞くと、

「欲しいものが買えるから」「生きていくのになくてはならないものだから」

そんな、当たり前のような答えが返ってきます。

「お金」のことを知らない人はいないし、使ったことがないという人もいないでしょう。でも、そんな身近で、生きていくためになくてはならない「お金」のことを、私たちは、どれだけ知っているでしょうか?

残念ながら、「今の大人」の多くは、大人になるまでに「お金」のことについてほとんど学ぶ機会はありませんでした。

ファイナンシャルプランナーとして活動してきた中で、お金と上手につき合うことができなくて生活に困っている人、「お金の知識」が無かったために失敗をしたり、「お金のトラブル」に巻き込まれて不幸になってしまったりした人をたくさん見てきました。また、生活困窮者《せいかつこんきゅうしゃ》相談では「お金が無くて食べることすらできない」「生活が苦しくて、アルバイト先のレジのお金を盗んでしまって服役していた人」「家が無くて、友人宅やマンガ喫茶を転々としている人」「児童養護施設を出たあと、身寄りもなくお金が無くなって住むところがない人」そんな方たちとも出会うことがありました。

こんな状況になってしまう前に対策がとれなかったのだろうか?「助けてあげたいけれど私には何もできない」と、心苦しくなった経験もあります。

私がお金の授業を行った大学で学生に取ったアンケート（２～４年生約２００名

が対象)では、「将来のお金に不安を感じますか?」という質問に対して、8割以上の学生が「とても不安」「不安」と答えました。また、8、9割の学生が「お金の知識が必要だと思う」「お金について学ぶことに興味がある」と答えました。一方で「お金の知識について学んだ経験があるか?」という質問をすると、「中学や高校の授業などで学んだ経験がある」と答えた学生は全体の1~2割で、ほとんどの学生は「お金について習ったことがない」「お金の知識は身につけていない」と答えています。

お恥ずかしながら、私もお金の知識がないまま大人になった1人です。日本の家庭にありがちな「お金の話はタブー」という公務員家庭で育ち、「年金って何?」「税金って何のために払っているの?」「生命保険って必要なの?」など全然わからないまま、大人になりました。結婚したものの「家計管理のやり方や保険のしくみもよくわからない」と将来への不安を感じ始めた30歳の時に「ファイナンシャルプランナー(お金の専門家)」の資格取得講座に出会いました。講座での学びは、目からウロコでした。自分にとって必要なお金の知識がどんどん増えていくのが楽しくて仕方がなかったのを覚えています。「この知識は、すべての人が持っておくべき!」そして、かつての私のようなお金について学んだことがない人たちに「私が学んでよかったと感じたお金の知識を伝えたい！」という想いが募り、資格を取得してファイナンシャルプランナーとして活動を始めました。

〝将来のお金に対する漠然とした不安〟は、「不安の中身を確認して見える化する」そして「知識を身につけて対策を取ること」で軽減することができます。

2022年4月、成人年齢が20歳から18歳に引き下げられ、高校でも金融経済教育が義務付けられました。とても良い傾向だと思いますが、現場では、「誰が教えるのか？」「担当する家庭科の先生がどう教えたらいいのかわからない」「外部講師にお願いする方が良いのでは？」といった議論も湧き上がっているようです。通常の授業がある中で金融経済教育にかけられるのは数時間なので、生きていくためのお金の知識を全て身につけるのは難しいでしょう。

私はお金の専門家として、複数の学校から「出前授業」という形で授業を担当していますが、同じ学生に対してできる授業は、1コマから多くても3コマ程度です。

本音を言うと、毎週、半年くらいかけてみなさんに「大切なお金について伝えたい！」と思っていますが、それはなかなか難しいのが現状です。

この本では、私がみなさんに伝えたい、高校や大学の授業で行っている「お金の授業」を項目別にまとめました。「お金の知識」は、興味をもって自分で学ぶことでも身につけることができます。

〝お金に興味がある！ お金と上手につき合えるようになりたい学生のみなさん〟

この本では「お金の基本」から順番に書いていますが、ぜひ、興味を感じるところから読んでください。

〝この本を手に取っていただいた、保護者のみなさま〟

お子様の年齢に応じて日々の生活に関わりがありそうな身近なテーマから学び、ぜひ親子でお話して知識を共有してください。

〝学校の先生や「お金の教育」に携わっている方〟
授業や講義の中でお金の知識について学生たちに伝えるときに、ぜひヒントとして活用していただけると嬉しいです。

〝大人だけれど、「お金の知識」が無いと感じている方〟
大丈夫ですよ。今からでも全然遅くはありません。ぜひ基本から学んでくださいね。

「みなさんが、将来、自分の力でお金を稼いで、お金に困ることなく幸せに生きていくことができますように！」
この本が、みなさんの幸せな未来につながる一助になれば嬉しいです。

2023年2月

合田 菜実子

CONTENTS
目次

第3章 お金との上手なつき合い方

第4章 気をつけよう！ お金のトラブル

第5章 お金を借りる

第6章 お金を稼ぐ

第7章 保険について学ぼう

第8章 お金を貯める・増やす

第1章

生きていくために大切なお金について

LESSON 01

そもそも「お金」って何？

私が子どものころ（40年くらい前）は、「お金」と言ったら、紙幣や貨幣しかありませんでした。バスに乗る時は、運転手さんの横に運賃箱という箱があって、当時は30円（小学生料金）を入れて乗車していました。みなさんにとっては、1人1台の携帯電話は当たり前かもしれないですが「スマホでピッとお金を払う」なんてその頃の私には想像もできませんでした。最近は、国家や銀行を介さない、仮想通貨（暗号資産）と呼ばれる「ビットコイン」などもでてきました。2024年には新紙幣に変わり、きっとまた新しい支払い方法が登場するなど「お金の姿」は今後どんどん変化していくと思われます。どんなお金とも上手につき合っていけるように、世の中の情報にアンテナをはって、変化に対応していけるようになりましょう。

突然ですが、「お金を使ったことが無い人はいますか？」

そんな人はいないですよね。毎日ご飯を食べて生きていくためにはお金が必要ですし、欲しいものを買う、遊ぶのにだってお金がかかります。お金は私たちの暮らしにとって、なくてはならない大切なものです。

では、みなさんはいつも使っている「お金」のことをどれだけ知っているでしょうか？

ここでは、誰もが日々使っている「お金」について、一緒に考えてみましょう。

そもそも「お金」ってなんでしょう？

大昔、お金がなかった時代、漁師さんは魚、猟師さんはお肉などを捕ってきて、物々交換をして暮らしていたそうです。でも、魚や肉は腐ってしまうため、長く保存はできません。そして、紀元前2000年～1500年の古代文明の頃、保存できる石や貝殻、塩などが交換手段として使われ始めました。これらがお金の始まりです。そして、それらはだんだん、今みなさんが使っているような硬貨や紙幣に変化してきたのです。

この石と魚を交換して
いいよ
石
魚
猟師
漁師
この石と栗を交換して
いいよ
栗
石
農家
石や貝殻との交換手段がお金のはじまりなんです

3つのお金役割

お金には大きく分けて次の３つの役割があります。

①交換手段

欲しいものとお金を交換する、つまりお買い物をする役割です。

②価値尺度《かちしゃくど》

「ものさし」のような役割です。お金っていう道具があるから、同じお菓子でも「コンビニで買うよりもスーパーで買った方が安いよ！」などと、比較することができます。

③貯蔵手段《ちょぞうしゅだん》

お肉やお魚だと腐ってしまうけれど、お金というものに形を変えて置いておくことで、「モノの価値」を保存することができます。欲しいもののためや、将来やりたい夢の実現のために、お金を貯めることができるのも、お金の「貯蔵手段」としての役割があるからです。

LESSON 02

お金の種類

☆突然ですがクイズです。
みなさんが普段使っているお金は何種類あるでしょうか？
思いつくものを書き出してみましょう。

普段何気なく使っているお金を思い出してみましょう!

さて、いくつ思いつきましたか？

答えは「10種類」です。日本で使われているお金には、金属でできた硬貨（貨幣、コイン）と紙でできた紙幣があります。小さい物から、1円玉、5円玉、10円玉、50円玉、100円玉、500円玉の6種類の硬貨と、これに、1000円札、2000円札、5000円札、1万円札の4種類の紙幣があります。ちなみに「2000円札なんてあるの？」と思った人もいるかもしれません。2000円札は沖縄サミットと西暦2000年をきっかけに発行された紙幣です。現在は製造されておらず市場ではほとんど見かけませんが、現在も普通に2000円として使うことができます。

さて、10種類のお金があるとお伝えしましたが、実は、この紙幣と硬貨は、作られている場所が違うのです。紙幣は銀行券と呼ばれており、日本銀行の国立印刷局（独立行政法人）で作られています。みなさんおなじみの１０００円札をよく見てください。千円という文字の上に「日本銀行券」と印字されています。硬貨は、日本政府が大阪などにある造幣局（独立行政法人）で製造しています。硬貨で１番大きい単位の５００円玉をよく見てください。何年に製造されたものでしょうか？　実は、２０２１年の11月に新しい５００円硬貨が誕生しました。新しい５００円玉は少しデザインが違います。ゼロの柄を見てみると違いがわかりますよ。もちろん、旧硬貨も使うことができます。いろんなお金を観察して比べてみると面白いですね。

新しい500円硬貨のデザイン

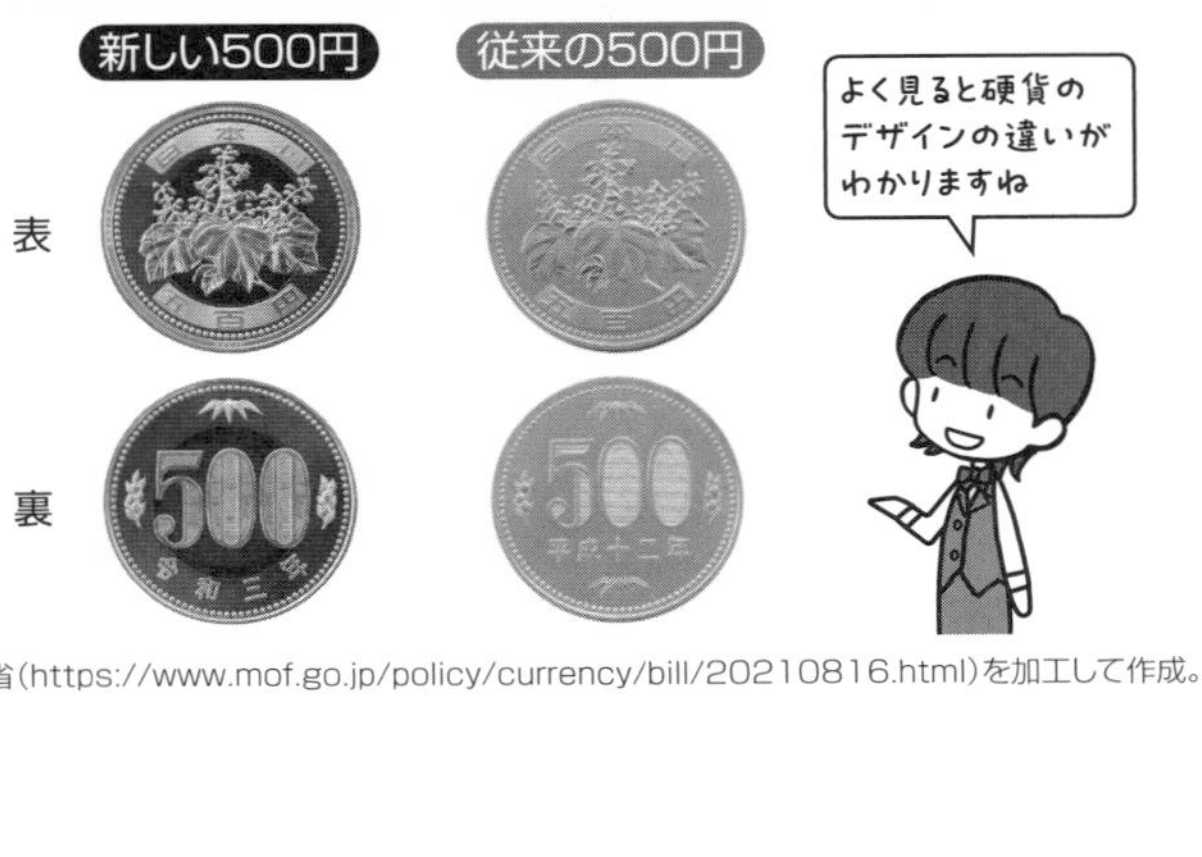
新しい500円
従来の500円
表
裏
よく見ると硬貨の
デザインの違いが
わかりますね

※出典：財務省（https://www.mof.go.jp/policy/currency/bill/20210816.html）を加工して作成。

LESSON 03

キャッシュレスってどういう意味？

みなさんは、電車に乗るときに券売機などでお金を払って切符を買っていますか？電車に乗車する際はお金がかかりますが、ほとんどの人は、SuicaやICOCAなどのＩＣカードや定期券を使って乗っているのではないでしょうか？

電車・バスでの移動や買い物をするときなどに欠かせないお金ですが、最近は、お財布に現金が入っていなくても買い物ができる支払い方法である「キャッシュレス支払い」が増えてきました。キャッシュレスとは、英語のcashlessの日本語訳で「現金無しの」という意味です。キャッシュレス決済の代表選手として「クレジットカード」は昔から使われてきましたが、最近はその他にも、いろんな支払い手段が増えてきました。

さて、キャッシュレス支払いには、大きく分けて３つの種類があります。では、次のページのクイズにチャレンジしてみましょう。

３つの中で、子どもでも使える最も安全なカードは、事前に入金した金額しか使えない「電子マネー（プリペイド型）カード」です。たとえば、今月、コンビニで使うお金は2000円と決めて月初に入金し、その範囲内でやりくりすることができれば使いすぎる心配はありません。

一方で、気をつけたいのは「クレジットカード」です。成人年齢である18歳になったら自分の意志でクレジットカードを作ることができます。クレジットカードは後払い式のカードなので、そのとき銀行の口座にお金が無くても買い物をすることができます。つまり、一定期間お金を借りているのと同じことになります。支払った金額は、使った月の翌月、または翌々月に所定の銀行口座から引き落とされます。クレジット（credit）とは英語で「信用」という意味、つまり、カード保有者

＜ワーク＞キャッシュレス クイズ 〜つないでみよう〜

電子マネー（プリペイド型） ●	● 銀行口座残高が無くても買い物できる後払い
デビットカード ●	● チャージした金額の範囲内で使える前払い
クレジットカード ●	● 購入と同時に銀行口座から引き落としされる

を信用してカード会社がお金を前払いしてくれているのです。「クレジットカードを使いすぎて、引き落としの日にお金が足りなくて払えない」ということにならないように気をつけたいですね。お金を借りる時に大切な「信用」については、90ページの「お金を借りるときに大切なこと」で詳しく説明します。

その他にも、券面額の範囲内で買い物ができる「商品券」や、バーコードやQRコードを読み取って支払う「〇〇PAY」といった「スマホ決済」など、目に見えないお金や支払い方法の種類が増えています。みなさんおなじみの「ポイント」も、お金のように使えますね。

キャッシュレス支払いの特徴

種類	特徴
電子マネー（プリペイド型）	・チャージした金額の範囲内で使える ・前払い　・Suica、PASMO、nanaco、WAONなど ・小中学生でも使える
デビットカード	・購入と同時に銀行口座から引き落としされる ・金融機関のキャッシュカードでそのまま買い物などの支払が出来るサービス ・同時払い　・Jデビット（J-Debit）ゆうちょデビットなど ・未成年の場合、親権者の同意が必要
クレジットカード	・銀行口座残高が無くても買い物できる ・後払い　・Visa、Master、JCBなど ・1〜2カ月後に銀行口座から引き落とされる ・支払い能力がある（信用のある）大人だけが使える

コラム

2024年新紙幣が発行される!

2024年に新紙幣が発行されるのは知っていますか?

偽造されにくくするために、「高精細なすき入れ模様」や「肖像が3D回転するホログラム」など、最先端の技術が使われています。10,000円札の肖像は渋沢栄一、5,000円札は津田梅子、1,000円札は北里柴三郎、3人ともみなさんが生まれる前の時代に大活躍された方です。どんなことを成し遂げた人たちなのか、ぜひ調べてみてくださいね。

新紙幣が発行されると世の中はどう変わるでしょうか? みなさんにどんな影響があるでしょう? そんな未来をイメージしながら新紙幣が手元に届くのを楽しみに待ちましょう。

表　裏

10,000円札

5,000円札

1,000円札

※出典:財務省(https://www.mof.go.jp/policy/currency/bill/20190409.html)を加工して作成。

第2章

経済とお金

LESSON 04

経済って難しいもの？

お金の授業で「経済」という言葉が出ると、ちょっと難しそう…というイメージをもつかもしれません。「経済」は、みなさんにとってとても身近な存在です。「買い物をする」「お金を稼ぐ」など、みなさんが普通に日々やっていることが「経済活動」、そして、その中で大事な役割をしているのが「お金」です。

世の中の動き（経済活動）を人間の身体に例えると、お金は血液と言えます。「お金」は、私たちの暮らし、経済の循環を良くするために世の中をグルグル回っているのです。ここでは、「経済とお金の関係」について一緒に考えてみましょう。

そもそも「経済」って何でしょう？　「経済」という言葉は、古代中国の言葉「経世済民《けいせいさいみん》」が語源と言われています。「経世＝世の中を治めること」「済民＝民の苦しみを救うこと」（広辞苑辞書より）の4文字が、短縮されて「経済」となりました。また、「経済」を英語に訳すと「economy（エコノミー）」ですが、「エコノミー」には、経済という意味の他に「節約」とか「倹約」といった家計管理的な意味もあるそうです。現在の辞書、ウィキペディアによると「経済」とは、「社会が生産活動を調整するシステム、あるいはその生産活動」と書かれています。ちょっと難しい表現ですね。

「経済」とは簡単に言うと「ヒト・モノ・お金・サービス」の、動きのことです。また、経済活動とは、これらが国（政府）、企業、消費者を軸に、世界中をグルグル回っていることをいいます。この循環の中で最も重要になるのが「お金」なのです。

お金は「天下のまわりもの」なんて言葉もありますが、「交換手段」である「お金」は、「モノやサービス」と交換を続け

お金の循環（ヒト・モノ・サービスの動き）

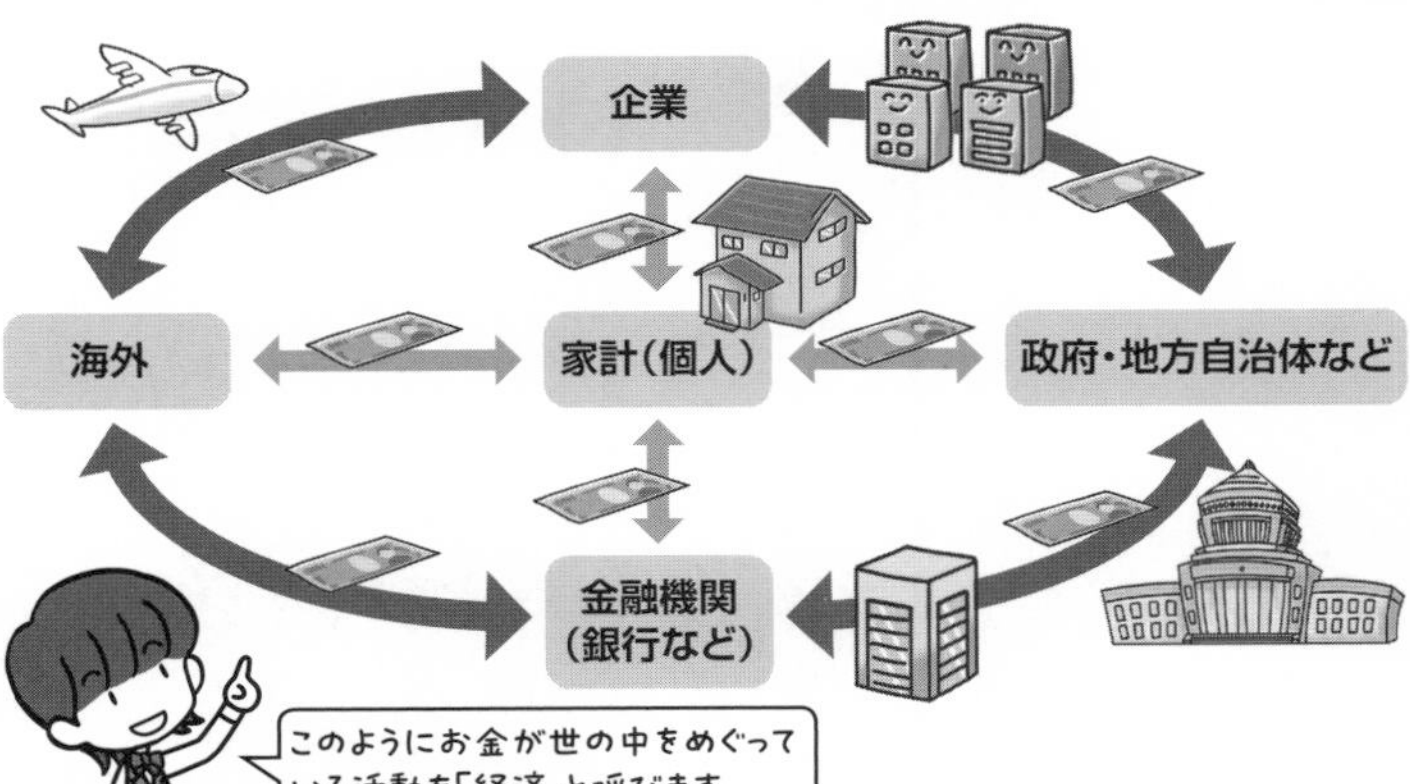

ながら経済活動において大事な役割を果たしています。

私たちはいつも経済の中で生きています。例えば、「お腹がすいたのでコンビニでおにぎりを買う」「アルバイトでお給料をもらう」、もう少し視野を広げて「企業が商品を生産する」「商品や原料を海外に輸出したり輸入したりする」このように、モノやお金は動いていますね。「国（政府）から児童手当をもらう」「進学する時に奨学金を借りる」ということもあるでしょう。また「ローンを組んでマイホームを買う」「おじいちゃんが亡くなったので遺産を相続する」これらもすべて経済活動です。

つまり、私たちが生きていること、日々行っていること自体が「経済」なのです。そう考えると「経済」が少し身近に感じられませんか？　私たちにとっての経済とは、お母さんのお腹に宿ったときから始まり、一生涯続いていく、人生のパートナーのようなものなのです。

LESSON 05 景気が良い、悪いってどういう意味？

「最近、景気良いみたいだね」なんて会話、学生さんの間ではあまりないでしょうか？ 景気とは、その国や地域の中で、モノやサービス、お金がどのくらい活発に動いているかの状態を示す言葉です。

景気が良い状態「好景気」「好況」の時は、商品（モノ）がたくさん売れます。商品がたくさん売れると、企業では生産作業が忙しくなって人手が足りなくなり「働く人を募集する求人」や「労働者」が増えます。企

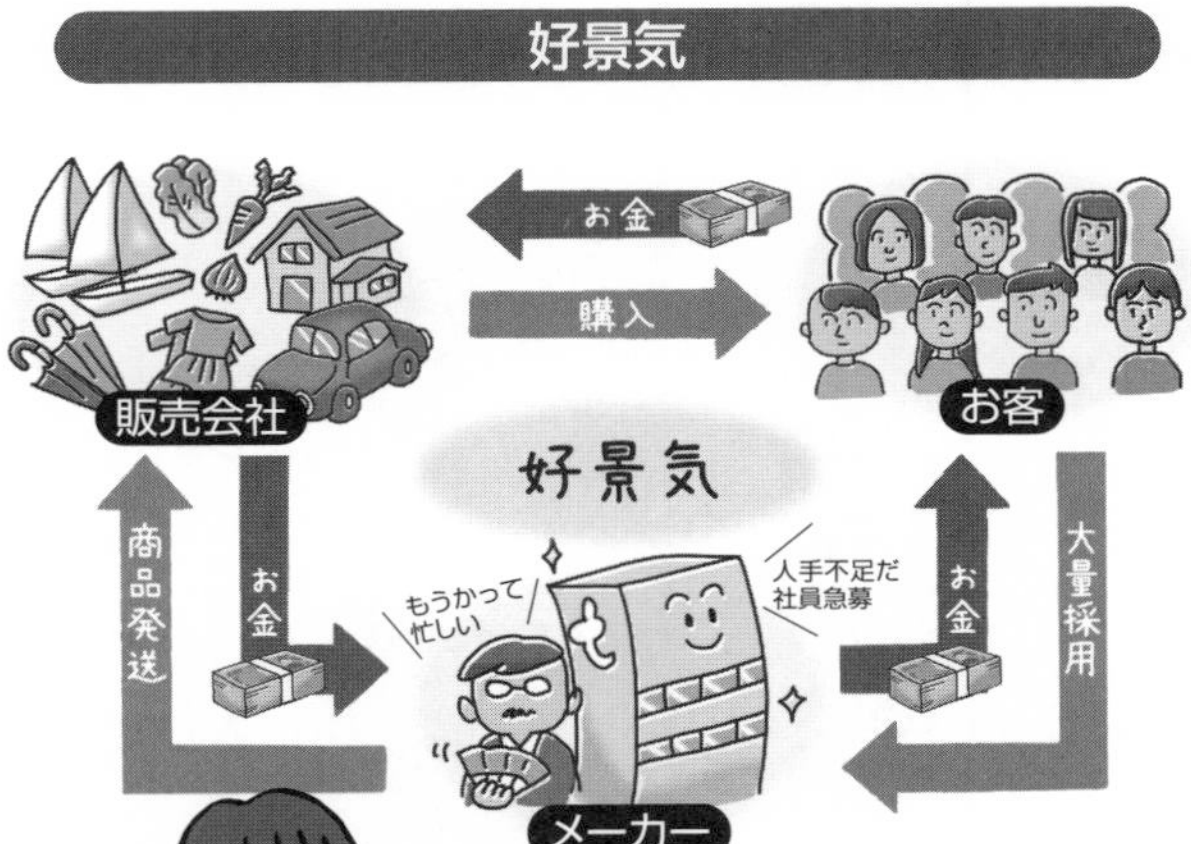

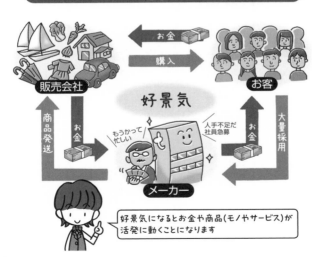

業がもうかると働く人たちにお給料をたくさん払います。働く人の収入が増えてお金にゆとりができると、たくさんのお買い物ができますね。こんな循環で、お金や商品（モノやサービス）が活発に動くことになります。

逆に、「景気が悪い」「不景気、不況」の状態だと、商品が売れず、企業はもうからず、仕事も減ってしまいます。お給料も増えないので、みんなの財布のひもが固くなってお金の巡りも悪くなり、経済活動が停滞してしまいます。

景気はいろんなことが理由で、良

不景気

くなったり悪くなったりします。例えば、戦争が起こって国と国の間の関係が悪くなって貿易がストップしてしまったら、経済が活発に動かなくなります。悪天候が続いて農作物が不作になってしまったら、消費者のところに届く野菜は減ってしまいます。また、日本は、原油や天然ガスなど多くの資源をはじめ、肉や農作物などの食料も外国からの輸入に頼っています。海外の原油価格が上がると輸入価格も上がって日本でのガソリン代なども高くなりますし、輸入牛肉や豚肉の値段が上がると、国内のスーパーで買うときの値段も高くなって、私たちの生活に悪い影響を与えることになります。

「エルニーニョ」という言葉を聞いたことがありますか？ 「エルニーニョ」とはスペイン語で「男の子」という意味で、太平洋東部（南米ペルー沖）の海面の温度が上がる現象のことを言います。この現象が起こると、日本でも長雨や冷夏などの天候不順が予想されます。「エルニーニョ現象」が発生すると、カタクチイワシの漁獲量が減り、家畜や養殖鮭などの飼料（エサ）になる魚粉が減ります。魚粉が足りなくなると、代替品として大豆などの穀物価格が高騰《こうとう》（物価が上がること）します。結果、みなさんが食べる豚肉や鮭、大豆の価格も上がってしまいます。

「風が吹けば桶屋《おけや》がもうかる」という言葉を聞いたことがありますか？　風が吹いたら土ぼこりが舞って、土ぼこりのせいで目が見えない人（盲者）が増え、盲者の人に多い職業である三味線《しゃみせん》がたくさん作られることになり、その三味線の材料となる猫がたくさん捕獲（とらえられる）され、猫が減ることによって、ネズミが増え、たくさんのネズミが桶《おけ》をかじることになるので、結果、桶が売れて桶屋がもうかる、つまり「ある出来事が一見関係なさそうな意外なところに影響を与える」という意味のことわざです。

遠い国で起こっていることでも、巡り巡って、私たちの身近な暮らしに影響を及ぼしてくることがあります。ここからも、経済活動とは、世界中がつながって、お金やモノがめぐっていることだとわかります。

LESSON 06

GDPって何？

経済成長率（ＧＤＰ）という言葉を聞いたことがあるでしょうか？　ＧＤＰとは「国内総生産」「Gross Domestic Product」の略で、一定期間内に国内でどれだけの価値が産み出されたかを表す指標です。ＧＤＰを見ることで、国が昨年と比べてどれだけ成長しているか、経済状況が良いか悪いかを知ることができます。世界各国で発表されますが、日本では「内閣府」が年に4回「経済成長率（ＧＤＰ）」を発表しています。

☆クイズ　日本のＧＤＰは世界で何位でしょうか？

日本のＧＤＰは、２０２１年時点で、アメリカ、中国についで世界で第3位となっています。２００９年まで日本は世界で第2位でしたが、２０１０年に中国に追い抜かれました。日本やアメリカなどの先進国の成長は鈍化してますが、インドや中国などの新興国《しんこうこく》はますます成長することが予測されていて、残念ながら２０３０年頃までに日本はインドに抜かれて順位が下がっていく見通しとなっています。日本の人口はどんどん減っていますが、世界の人口は現在約79億人で、2080年代に104億人台でピークを迎え、その後減少していくと予想されています。人口の割合の変化から、世界の経済がどんな風に変わっていくかを、想像してみてくださいね。

世界のGDPと人口ランキング

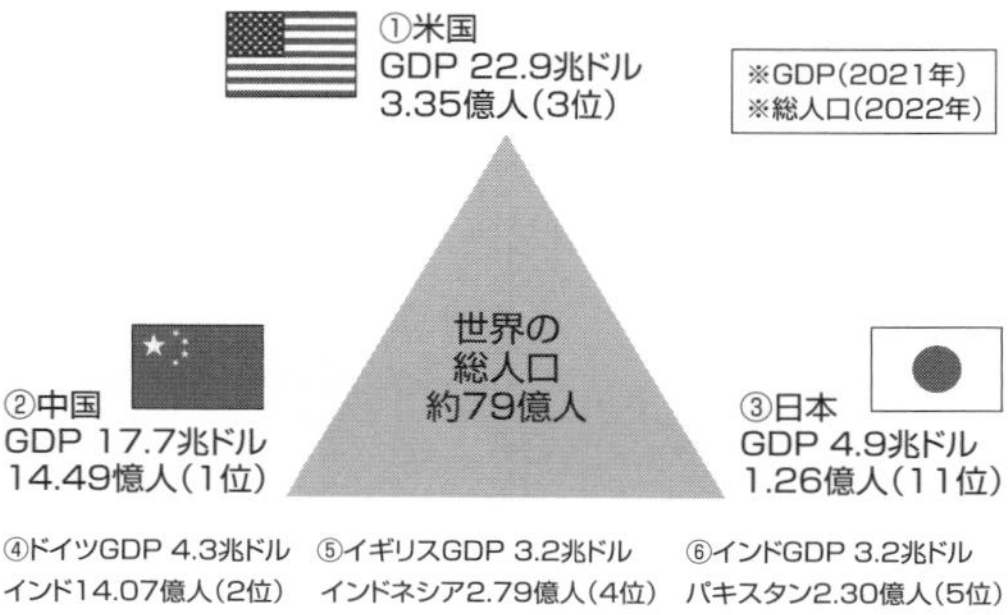

※出典：2022年版の世界人口白書(State of World Population)
世界の名目GDP(USドル)ランキング(世界経済のネタ帳)

世界と日本の人口

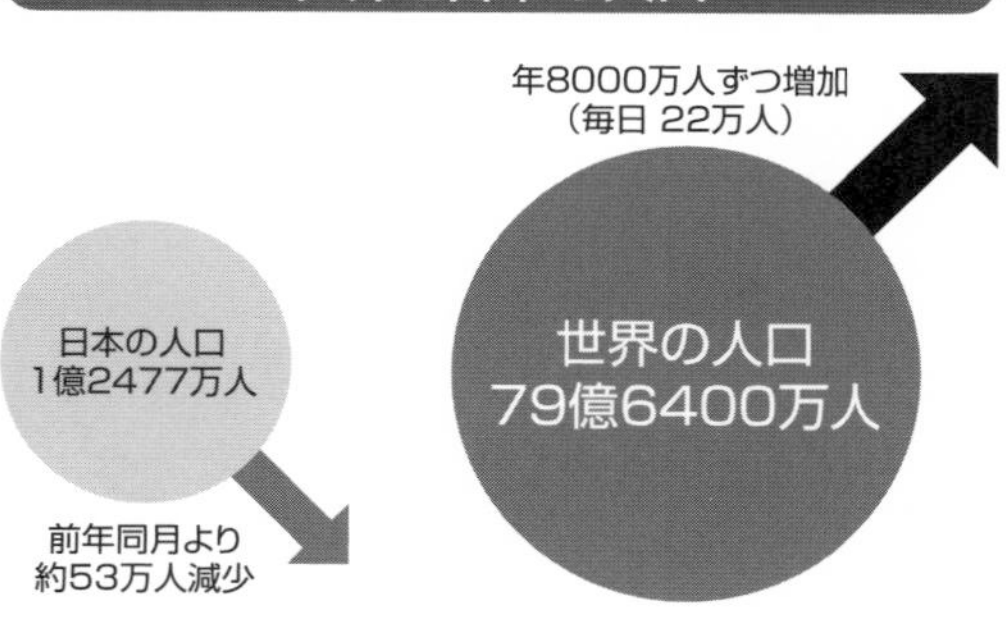

※出典：日本の人口　2023年人口推計1月報(総務省統計局)
2023年2月2日現在の推計　世界の人口(arkot.com)

LESSON 07

需要と供給ってどういう意味？

みなさんは、同じ商品、例えば、大好きな「○○スナック」が、Aスーパーでは100円、Bコンビニでは150円で売っていたとしたら、どちらで買いたいですか？同じ商品であれば、できるだけ安く買いたいですよね。モノの値段は、お店の戦略や、世の中の経済状況等、さまざまな要因で変動します。Aスーパーでは、そのスナック菓子を大量に仕入れて、お客を呼び込むための目玉商品として特売価格で販売していたのかもしれませんね。

モノの値段は「需要」と「供給」のバランスによって決まります。「需要」とは、デジタル大辞泉によると、「もとめること。いりよう。家計・企業などの経済主体が市場において購入しようとする欲求。購買力に裏づけられたもの」という意味です。

一方「供給」は「需要」の対義語で、「必要に応じて物を与えること。販売のために、商品を市場に出すこと。また、その数量のこと」を意味します。

つまり、「供給」される商品の数は少ないけれど、多くの人がそれを欲しいと思う「需要」が増えると「モノの値段」は上がります。一方で、供給される商品はたくさんあるけれど、欲しい人にあたる「需要」が少ない場合、値段を安くしないと買ってもらえないので、その商品の価格は下がることになります。

ここでは、イチゴを例に、需要と供給の動きを見てみましょう。

下記は、「一般家庭のイチゴの消費者動向に関する調査結果

一般家庭のイチゴの消費者動向に関する調査結果

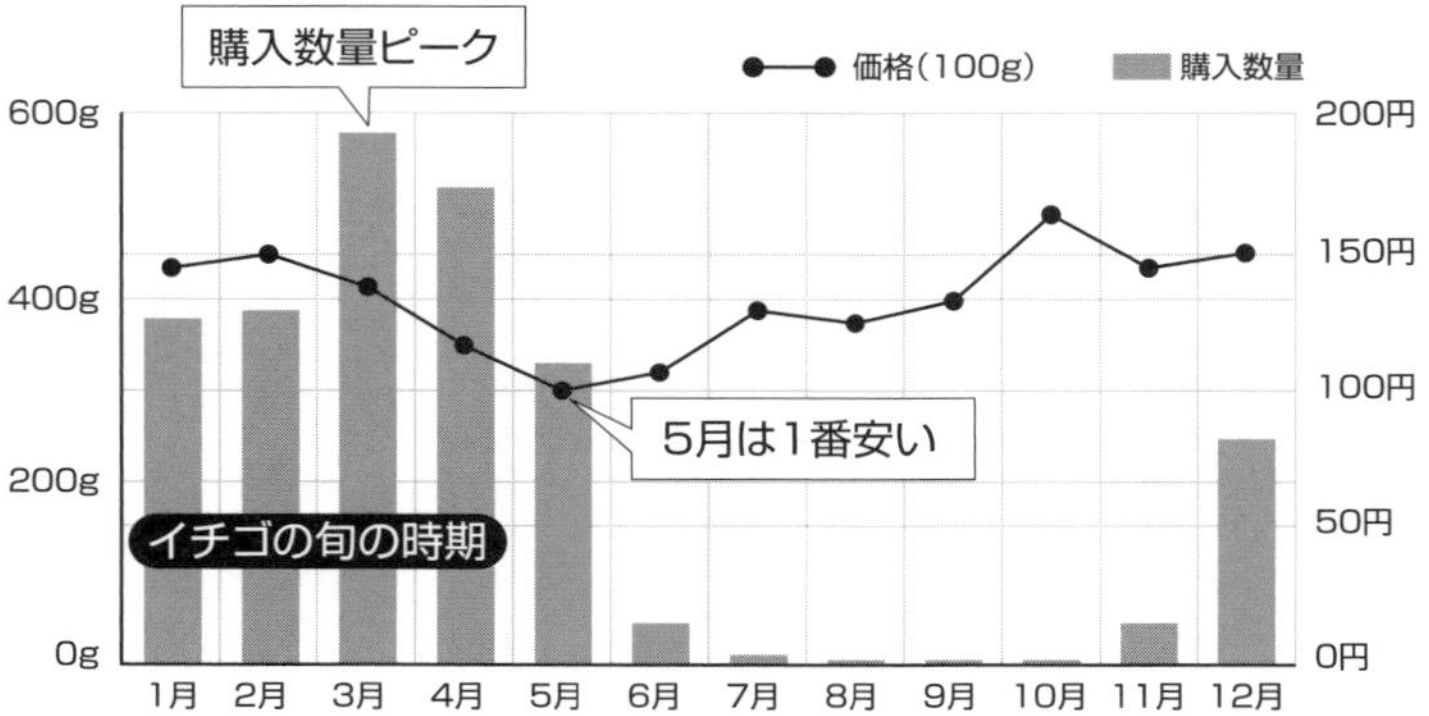

（家庭でイチゴがどれくらい食べられているかの調査結果）」です。棒グラフは「購入数量」、折れ線は「価格」を表しています。年間を通して、買う人が多い時期と少ない時期、また価格も大きく変動していることがわかります。

　イチゴの旬の季節は1月から4月で、3月がピークです。ピークに少し遅れて4月から5月にかけて価格が下がっていることがわかります。逆に、7月～10月は、市場に出回る量が少なくなりますので価格が高くなっていますね。そして、12月のクリスマス時期、イチゴのケーキは大人気なので需要が高まります。旬には少し早い時期ですが、少々値段が高くても、多くの人が購入していることがわかりますね。

LESSON 08

インフレーションとデフレーション

モノの値段が上がることをインフレーション（以下インフレ）、下がることをデフレーション（以下デフレ）と言います。さてこの40年間位を振り返って、モノの値段（物価）はどう変わってきたでしょうか？

消費者が日常的にモノやサービスを購入する際の物価の変動を表している消費者物価指数CPI※をもとに、日本とアメリカの物価の変化を比べてみましょう。

アメリカは1980年ころからの40年間、コンスタントに物価が上昇しています。一方、日本は、1998年ころからの20年間弱、少し下降気味（デ

アメリカの消費者物価指数の推移

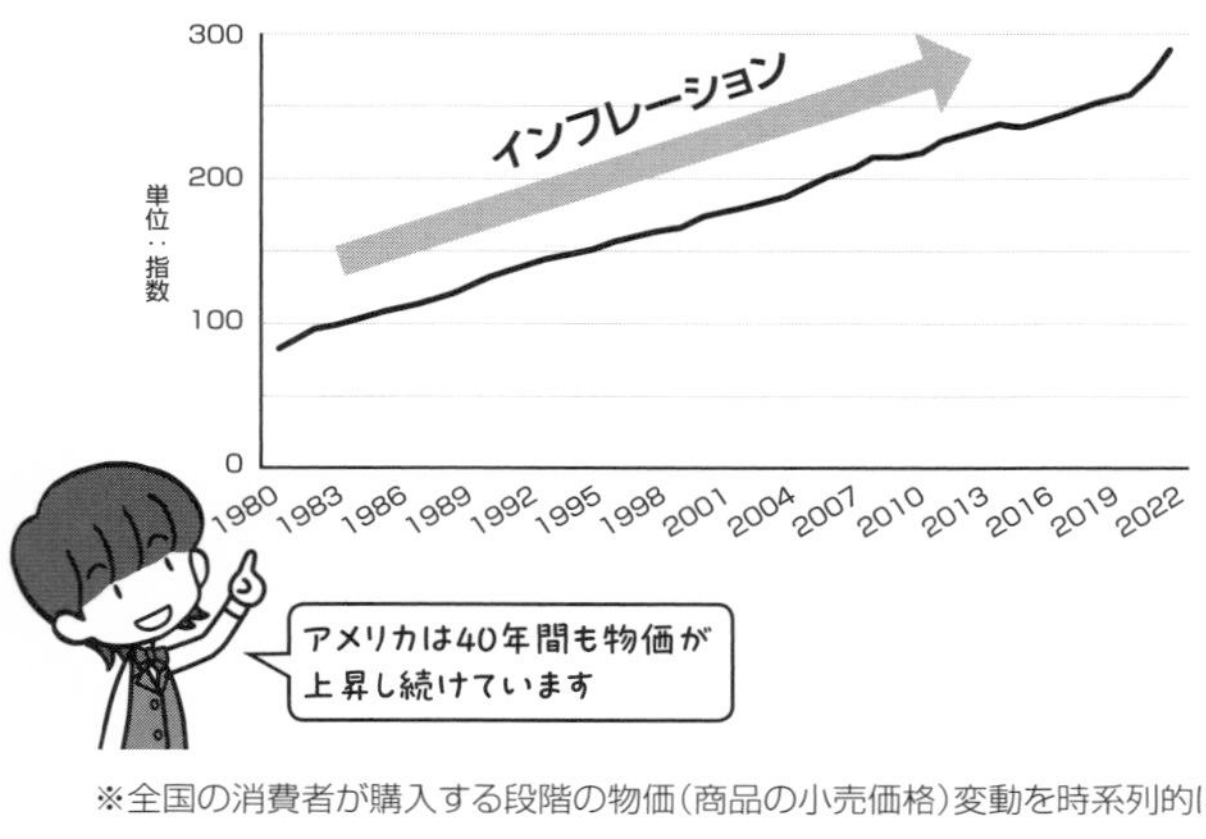

※全国の消費者が購入する段階の物価（商品の小売価格）変動を時系列的に測定する指数。

フレーション）で、ほとんど上昇していません。この20年間ほどで比べると、日本とアメリカの物価の差が広がっていることになります。

実は、日本の中央銀行である日銀《にちぎん》（日本銀行）は２０１３年より、年間で２％のインフレ（物価上昇）目標を掲《かか》げてきました。なかなか達成できない状況が続いてきましたが、２０２２年になって日本国内の物価はインフレ傾向に転じ、２０２３年に入っても上昇が続いています。

日本の消費者物価指数の推移

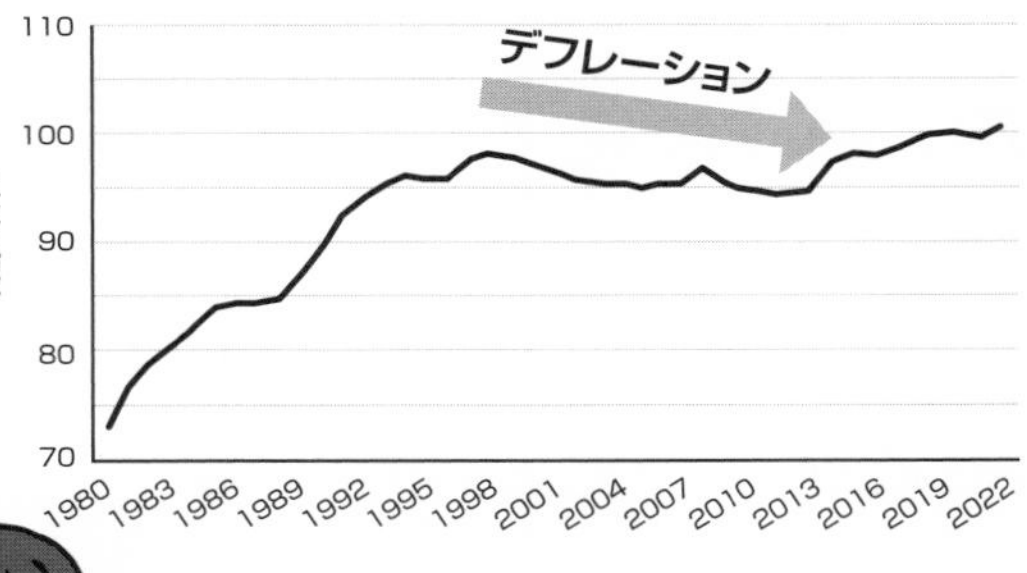

そもそも、インフレって良いこと？

「物価上昇＝インフレ」は、私たちにとって良いことなのでしょうか？

２％のインフレになると、今年１０００円で変えたものが、来年は１０２０円なってしまいます。大事に貯金箱にとっておいた１０００円札で、同じものが買えなくなってしまう、これはあまり嬉しいことではないですよね。また、資源や輸入品の価格が上がって、国内でのガソリンや食料の値段が上がると、日々の支出が増えて、家計が厳しくなってしまいます。実際、2022年になってからの物価上昇は、ウクライナとロシアの戦争の影響もあって資源や原材料費が上がったことが大きな要因になっていて、あまり良くないインフレ（スタグフレーション（Stagflation）＝景気が後退していく中での物価上昇）とも言われています。

では、どうして日銀は2％インフレ（物価の上昇）を目標にしているのでしょうか？

実は、インフレには良い面もあります。インフレ傾向になると物価が上昇していくため、「値上がりする前に買っておきたい」という消費者心理が働きます。みんなが「欲しいものを早く買おう」と行動すると、消費が促進されます。たくさん商品が売れると企業の業績も良くなり、結果、経済活動が活発になって、景気が良いという循環になるわけです。逆に「デフレ」の場合はどうでしょう。物価が下落傾向ならば、私たちは「もっと安くなるかも！　もう少し待ってから買おうかな？」と思うようになります。結果、経済活動が停滞し、成長しない、景気が悪いという循環になってしまうのです。

LESSON 09

外国のお金と為替のしくみ

みなさんは、外国に行ったことはありますか？　日本でお買い物をするときは「日本円」で支払いますが、通貨は国ごとに異なります。外国ではどんなお金が使われているのでしょうか。代表的な通貨を見てみましょう。

☆クイズ　外国ではどんなお金が使われているでしょうか？

アメリカ	（　　）	ブラジル	（　　）
中国	（　　）	韓国	（　　）
イギリス	（　　）	カナダ	（　　）
フランス	（　　）	インドネシア	（　　）
オーストラリア	（　　）	ロシア	（　　）

さて、10問中いくつ正解しましたか？

（正解）

アメリカ（USドル）　ブラジル（レアル）
中国（元）　韓国（ウォン）
イギリス（ポンド）　カナダ（カナダドル）
フランス（ユーロ）　インドネシア（ルピア）
オーストラリア（オーストラリアドル）　ロシア（ルーブル）

世界には196の国があり、180の通貨があると言われています。
みなさんは、どれだけの国名と通貨を知っていますか？

世界にはたくさんの国と通貨があることに驚きますね！

基軸通貨って何？

世界の通貨の中で、最も取引量が多いのは「USドル（アメリカドル）」で、世界の「基軸通貨」とされています。基軸通貨とは、輸入、輸出など貿易を行う際の決済や、国際金融取引などの際に価値基準になる通貨で、その国の経済規模や軍事力、政治力、通貨価値の安定性などから決められます。

国際貿易の際、それぞれの国の通貨で決済しようとすると、通貨と通貨の交換（為替交換）の組み合わせが膨大になり、取引手数料などのコストや時間もかかり、取引が複雑になります。基軸通貨で取引することでスムーズに貿易を行うことができます。日本が他国と取引する場合は、日本円を基軸通貨であるＵＳドルに換金して決済しています。

LESSON 10

円高、円安ってどういう意味？

外国旅行に行くと、その国の通貨を使うことになるので、日本円からその国のお金に換金しなければなりません。日本国内で換金できる通貨は限られていますが（三菱ＵＦＪフィナンシャルグループで21通貨　２０２３年2月現在）、銀行や両替所で外貨に換えることができます。その時に交換する金額のことを「為替レート」と言います。特に、日本の経済に対する影響力が大きい基軸通貨でもあるＵＳドルの「為替レート」は、ニュースなどでも、毎日報道されています。「本日の為替相場は、昨日よりも○円、円安（円高）で、○○円となっています」など、耳にしたことがあるのではないでしょうか？

さて、「円安」「円高」という言葉が出てきましたが、どういう意味かわかりますか？

☆クイズ

昨日の為替レートが、「１ドル１３０円」、今日の為替レートは「１ドル１３２円」だった場合、今日は円安か円高のどちらになったでしょうか？

今日は昨日に比べて2円の「円安」が正解です。

130円が132円になったので、高くなったように感じますが、昨日は1ドルを得るのに130円払えばよかったのに、今日は、132円で2円余分に払わなければならない、つまり、同じ価値のモノを得るのに多く払わないといけないということは、ドルに対して円の価値が下がったということになります。

円安・円高

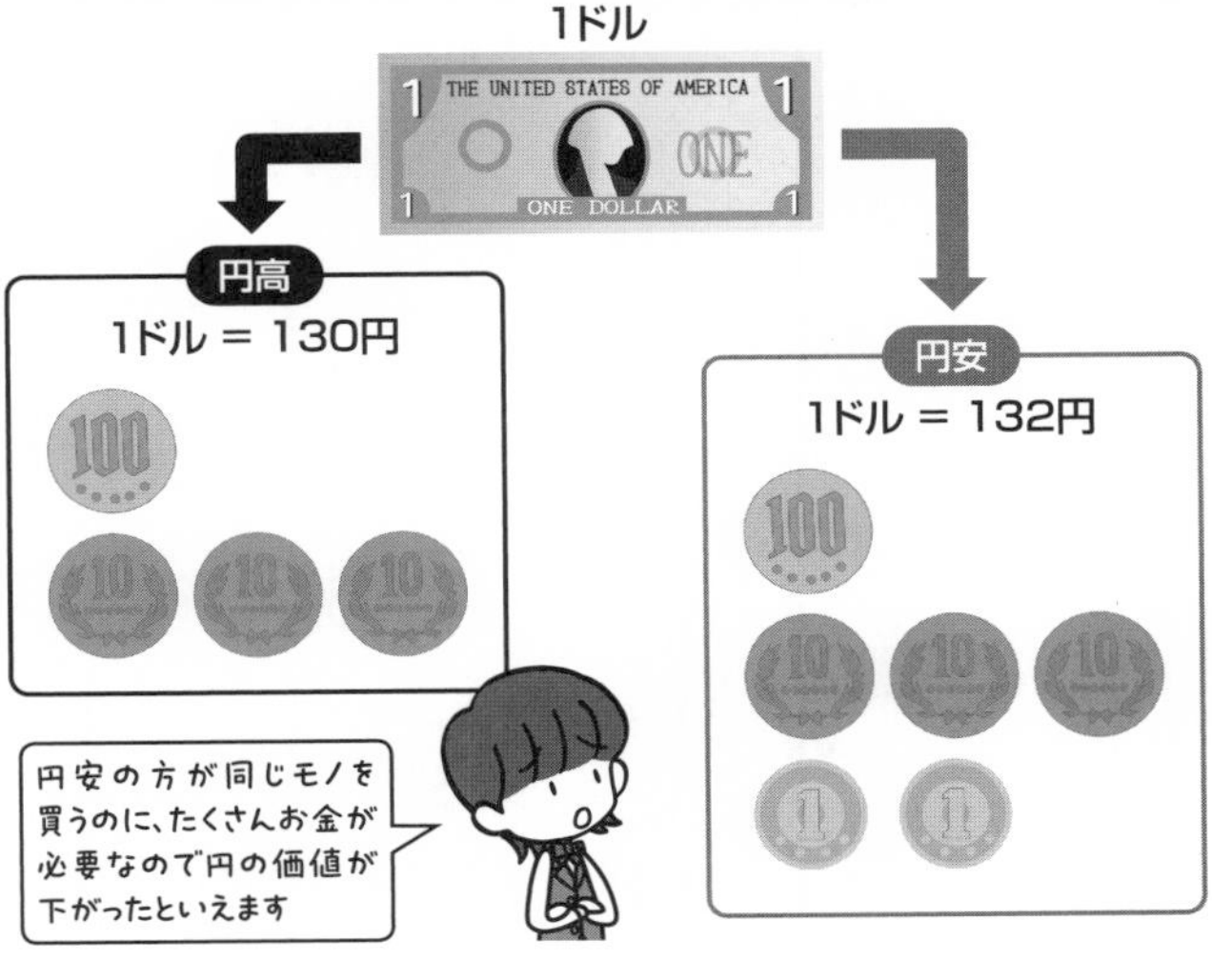

コラム

ビッグマック指数を比べてみよう!

通貨の価値を比べるのに面白い指標として、世界各国のマクドナルドで販売されているビッグマックの価格を指数化した「ビッグマック指数」があります。同じビッグマックでも、スイスで食べると925円、ベネズエラならば243円と、円に換算すると682円も差があります。そして、日本はなんと、対象国54か国中41位となっています。「ビッグマックがこんな安く食べられるなんて、日本に住んでいてラッキー!」と感じる人もいるかもしれません。でも、日本は長い間デフレが続いてきたので、ビッグマックの価格だけでなく、食品や衣類など、いろんなモノの値段が海外に比べて割安になっています。「世界の中で円の価値が低い傾向」つまり「日本の国の力が低下」していて、経済という視点で見るとあまり良くない状況になっているのです。

順位	国名	価格（円）	価格（USドル）	ビッグマックの価格（各国通貨）
1位	スイス	925	6.71	6.5スイスフラン
2位	ノルウェー	864	6.26	63ノルウェークローネ
3位	ウルグアイ	839	6.08	255ウルグアイペソ
4位	スウェーデン	771	5.59	57スウェーデンクローナ
5位	カナダ	724	5.25	6.77カナダドル
6位	アメリカ	710	5.15	5.15USドル
41位	日本	390	2.83	390円
54位	ベネズエラ	243	1.76	10ボリバル

2022年7月時点のデータ　（1ドル=137.87円）

※2022年USドル（アメリカドル）は、1年間で大きく変動しました。最安値113.72円（2022/1/24）、最高値151.34円(2022/10/21)、2023/2/1現在 約130円
※出典：世界経済のネタ帳をもとに筆者が作成

第3章

お金との上手なつき合い方

LESSON 11

生きるのには「お金」がかかる

「人生にかかるお金」についての授業をしていたときに、ある学生さんに言われたことがあります。「生きているのってタダじゃないんですね」確かに、自立する前のみなさんは、家族と一緒に暮らしていて、大きなお金を使っている意識が無いかもしれません。通学は徒歩、お昼ご飯はお弁当と水筒。学校で必要なモノや衣類などは保護者の方が買ってくれる。節約を心がけていて、お菓子や欲しいものを買うのを我慢すれば、お金を持っていなくても毎日暮らせます。

でも実際は、自宅で食べるご飯も、スーパーなどで購入した食材費がかかっています。水道から出る水も、スイッチを押してつける部屋の照明もお金を払っているからこそ使えるのです。

みなさんの人生にとって「お金」は無くてはならないもの、ならば「お金」と仲良くなって、上手につき合えるようになりたいですよね。

日本は屈指の長寿国で、現在の平均寿命は男性が81・47歳、女性が87・57歳（令和３年簡易生命表より）となっています。最近は「人生１００年時代」という言葉が、普通に使われるようになりました。２０１６年に発行されて話題になった本である「ライフシフト」（リンダグラットン著）によると、寿命はどんどん延びて、２００７年生まれの日本人（２０２３年に16歳）の半数は１０７歳まで生きると予想されています。

ここで、みなさんの人生を面白い軸で示してみたいと思います。人生１００年を1日、「24時間時計」に例えてみると、あなたは今、何時頃でしょうか？　まだ夢の中、朝起きていない、そんな時間にいる人が多いのではな

「人生100年」を「24時間時計」に例えると…

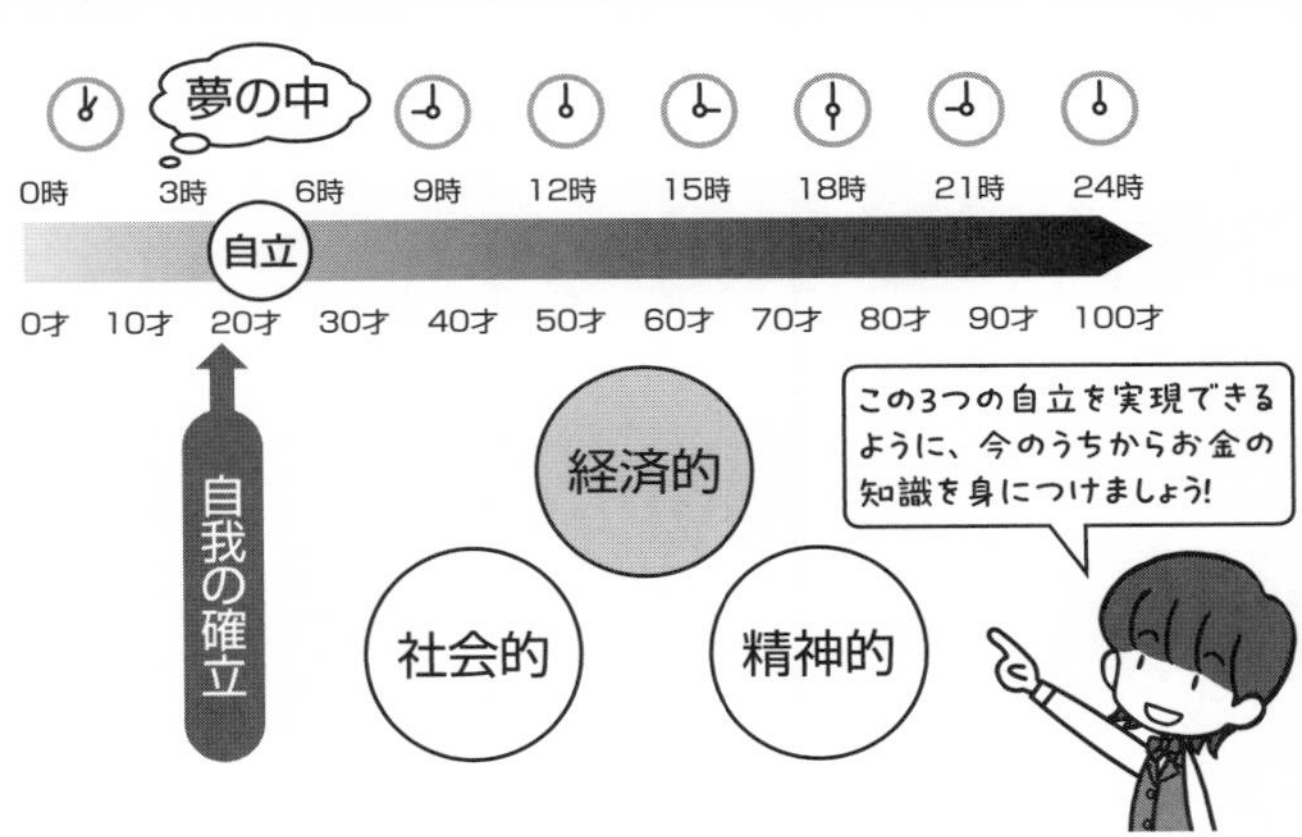

いでしょうか？

この図を見て感じて欲しいこと、人生を1日に例えた時、早朝にあたる「自立」から夜中の24時までの「矢印マーク」が長いと感じませんか？

学生のみなさんは、今は保護者の方のサポートを受けながら暮らしている人が多いと思います。でも、人生軸で見るとみなさんの生きる時間は「自立」してからの方がずっと長いのです。

午前4時ころには目覚めて、その後、24時までの人生は、「経済的」「社会的」「精神的」にも自立して生きていかなければなりません。私は、みなさんに、「将来、自分で働いてお金を稼いで、お金に困ることなく幸せに生きていってほしい」そんな思いで「お金の授業」をしています。3つの自立を実現するためにも、お金の知識を身につけてお金と上手につき合える人になってほしいです。

LESSON 12

人生にはどんなお金が必要？

さて、今18歳のみなさんにお伺いします。今まで生きてきた中でどれだけのお金を使ってきましたか？

ここで言うお金とは、おこづかいとしてお財布から出して払ったお金ではありません。赤ちゃんの時の紙おむつ、粉ミルク、ベビーカーなどは覚えていないけれど、きっと使っていましたよね。このような、毎日、普通に生活している中で使っているお金のことです。「自分が生きてきた中で使ってきたお金はいくらくらいなのか？」を振り返って、次の選択肢の中から選んでみてください。

①500万円～800万円
②800万円～1200万円
③1200万円超

いかがでしょうか？　想像もつかないでしょうか？

では、データをもとに計算してみましょう。教育費に関しては、公立、私立の学校など、自分に近いパターンを選んでくださいね。

ここにある教育費の金額は、文部科学省というところが5年に1回調査をしているものをもとに筆者が作成したものです。塾や水泳、ピアノ、サッカーなど、課外活動費も含まれた平均値になっています。ですので、習い事をたくさんしているという人はもっと高いかもしれません。保育園の費用はご家庭によって違うため平均値を出すのが難しいこともあり、ここには載せていませんので、幼稚園のパターンを参考にしてください。

<ワーク>誕生から18歳までに使ったお金を計算してみよう

① 0歳から2歳まで、2年間の生活費

※内閣府「平成21年度インターネットによる子育て費用に関する調査」をもとに筆者が算出した概算（食費・衣類・生活用品・医療費）

約83万円

② 2歳～18歳まで、16年間の生活費

約653万円

計算式 ………約34,000円（1カ月）× 12カ月 × 16年間

・食料・住居・電気／ガス／水道・洋服・生活雑貨・娯楽旅行　費用等

※出典：総務省家計調査年報（2021年）をもとに筆者が試算

③ 幼稚園（3歳）から高校3年生までのケース別学習費

幼稚園	小学校	中学校	高校	合計額
公立	公立	公立	公立	574万円
私立	公立	公立	公立	620万円
公立	公立	公立	私立	736万円
私立	公立	公立	私立	781万円
私立	公立	私立	私立	1,050万円
私立	私立	私立	私立	1,838万円

学校教育費の他、給食代、課外活動費も含む

※出典：令和3年度子供の学習費調査をもとに筆者が作成

誕生から18歳までに使ったお金の合計額はいくら?

① 0歳から2歳まで、2年間の生活費　**約83万円**

② 2歳～18歳まで、16年間の生活費　**約653万円**

③ 幼稚園（3歳）から高校3年生までの学習費
※すべて公立学校に進学した場合　**約574万円**

みなさんが今まで成長するまででこんなにお金がかかったんですね!

合計　約1,310万円

計算結果を見てどう感じましたか？　平均値で見ると、幼稚園から高校まで、全部公立の学校に通っても、１３００万円以上かかっていることがわかります。自分の財布から出さなくても、食事代、電気やガス、水道代、お住まいもマイホームを購入していれば、おうちの方が住宅ローンを毎月返済していたり、賃貸住宅であれば、毎月の家賃を支払っているはずです。

「毎月3万円くらいのお金を使っていますか？」と中高生の方に聞くと、ほとんどの学生さんは「そんなに使ってない！」と言います。でも、こうやって考えてみると、普通に暮らしているだけでもお金がかかっていることがわかります。

では、みなさん、ちょっと頭を未来モードにしてください。「自立」して、生きていくということは、将来はこれらのお金を自分でやりくりするということです。就職して1人で暮らしたら、生活費は自分で払うことになります。また、結婚して家庭をもち、子どもができたら、今度はみなさんが家族を養っていく立場になりますね。

では、実際の生活費や将来かかるお金について、具体的に見ていきましょう。

¥ 毎日の生活にかかるお金

まずは、日々の生活にかかるお金です。先ほどのワークで考えたので、だいたいイメージできますね。総務省の家計調査（2021年平均）によると2人以上の世帯（全年齢）の毎月の家計支出は約27・9万円、単身世帯で15・5万円程度になっています。2人以上の勤労世帯（現役で働いている世帯）に限定すると30・9万円となっていて、若い世代の方が支出が多いことがわかります。

もう少し身近な年齢で見てみましょう。

下記の表は34歳以下の単身世帯の月平均収支です。収入と支出を比べると収入の方が13万円位多いので、貯蓄もできそうです。ただ、下記は食費や住居費、光熱費などの、日々の生活にかかるお金のみ

34歳以下の単身世帯の月平均収支

（単位：円）

実収入		337,088	
	勤め先収入		331,649
	他の経常収入		1,490
	特別収入		3,949
実支出		209,725	
	食料		35,801
	住居		34,913
	光熱費・水道代		7,655
	家具・家事用品		7,050
	被服及び履物		6,604
	保健医療		4,718
	交通・通信		20,068
	教育娯楽		18,697
	その他消費支出		20,476
	非消費支出※		53,735

※非消費支出とは、所得税、住民税、社会保険料
※出典：総務省家計調査年報（2021）をもとに筆者が作成

です。みなさんの将来をイメージしてください。これらの支出の他に、お金が必要になることはありませんか？

大きなイベントにかかるお金

日常生活でかかるお金の他に、大きなイベントなど、スポット的にかかるお金もあります。将来やってみたいことや、欲しい物はありませんか？　例えば、「大学生になったら海外留学したい」とか、「18歳になったら免許をとってバイクを買いたい」など。もっと先ならば、「大好きな人と素敵な結婚式を挙げて新婚旅行に行きたい」などなど。こんな夢を実現するためにも、やはり「お

ライフイベントにかかる費用

・**留学費用**
在学大学などの短期プログラムの場合（文部科学省トビタテ留学JAPAN）

30万円〜150万円程度

・**自動車購入費用**
年間維持費
（車検・税金・自動車保険・駐車場代等）

100万円〜300万円程度
（約13万円）

・**結婚費用**
（ブライダル総研　ゼクシー結婚トレンド調査2022）

約362万円

・**住宅購入費用（概算）**

2500万円〜5000万円

金」は必要ですね。

人生における3大資金

人生において大きな支出、計画的に準備したいお金として、「教育資金」「住宅資金」「老後資金」があります。1番計画が立てやすいのは子どもが生まれたら必ずかかる「教育費」です。6歳になったら小学校、18年後には大学に進学するなど、予測ができるため、逆算して計画的に準備することができます。また、賃貸住宅でも、マイホームを購入しても「住宅資金」はかかります。そして、みなさんに訪れる「老後」にかかるお金も必要です。「老いた後と書く〝老

人生における3大資金

住宅資金
教育資金
老後資金
計画的に準備していくことが大切です

後〟という言葉」は、私はあまり好きではないのですが、誰しも高齢になると自分の力で働いて収入を得ることができない時期が訪れます。一般的に、65歳になると受給できる要件を満たした場合は「公的年金」というお金を生涯にわたって受け取ることができます。ただ、「公的年金」だけで現役時代と同じだけの収入を得るのは難しいのが実情です。年金で不足する部分は働ける間に貯蓄しておくことが望ましいですね。公的年金についての詳細は、138ページの「公的年金制度」をご覧ください。

¥ 緊急時に備えるお金

「日々の生活にかかるお金」「ライフイベントなどの大きな支出にかかるお金」の他に準備しておきたいのが、「万が一の時に備えるお金」です。しっかり計画を立てて、働いていたとしても、病気やケガをしたり、災害にあったりすることは誰にでも起こりうることです。そんなリスクに備えて収入が途絶えても「半年間くらい暮らせる分の生活費」は、備えておくようにします。

LESSON 13

お金の使い方の基本

長い人生を生きていくためには、さまざまなシーンでお金が必要であることがイメージできたでしょうか？

みなさんが今、自分の財布から出して支払うお金は数百円～数千円かもしれません。でも、これから学校を卒業してお給料をもらうようになったり、家族が増えたりすると、自分でお金を使う機会がどんどん増えていきます。ここでは、上手にお金とつき合う第1歩として、お買い物上手になるポイントを見ていきましょう。

収入の中でやりくりする

みなさんにとって収入といえば「おこづかい」が中心でしょうか？　お正月にはお年玉で大金を手にするという人もいるかもしれませんね。

では、「毎月5000円」など、定額のおこづかいをもらっている人、きちんとその中でお買い物のやりくりができていますか？　「月の初めにコンビニでお菓子を買いすぎて、後半に金欠になってしまった」そんな経験はありませんか？

お金の使い方の基本の1つ目は「収入の中でやりくりする」ということです。将来、就職して毎月お給料をもらったら、「収入の範囲内で生活をできるようにする」ということです。「そんな当たり前のこと、わかっているよ」という声が聞こえてきそうですが、大人でも、それができなくて借金をしてしまう人がたくさんいます。借金の金額が膨らむと返済しきれなくなって、生活が破綻してしまうことにもなりかねません。大人になると、生活にかかるお金の額も大きくなり、扱うお金の額も大きくなります。

「あんまり考えずにお金を使っているかも！」と感じた方は、「どんなことにどれくらいのお金を使っているか？」振り返ってみてくださいね。

NEEDS（ニーズ）とWANTS（ウォンツ）に分ける

次は、ちょっと意識するだけでお買い物上手になれるコツをお話しします。英語で「NEEDS（ニーズ）」という言葉があります。「NEEDS」は必要なモノですね。反対語は「WANTS（ウォンツ）」欲しいモノです。限られた収入の中でお金を使う場合、「NEEDS」と「WANTS」どちらを優先しますか？　みなさんにとっての「NEEDS」は、例えば、授業で必要なノートや筆記用具などでしょうか？　自立した大人だと「食費」や「光熱費、住居費」などは、生きていくのに欠かせないので「NEEDS」ということになります。一方で「WANTS」は「レジャーや趣味」「お菓子などのし好品にかけるお金」などが該当します。

お金は無限にはありません。限られたお金をどう使うか？　お金を使うときに、このお買い物は「NEEDSかな？」「WANTSかな？」自分に問いかける習慣を身につけてください。そうするだけで、みなさんの「お買い物力」はグンと向上するはずです。

お買い物上手になれるコツ

NEEDS
(ニーズ)
必要なモノ
or
WANTS
(ウォンツ)
欲しいモノ
NOTE
お金を使うときに、このお買い物は「どっちかな?」と自問する習慣を身につけましょう!

消費・浪費・投資という考え方

お金の使い方の分類として、「消費・浪費・投資」という考え方もあります。「NEEDS」と「WANTS」に当てはめると、「NEEDS」は消費、「WANTS」は浪費に近いと考えられます。まず、「消費」は、食費や光熱費、家賃など、その名の通り生活に欠かせないものとして「消費」していくものが当てはまります。「浪費」はどうでしょう? 「浪費」の意味は「金銭や労力、時間を無駄に使ってしまうこと」なので悪いイメージを持つかもしれません。でも実は「浪費」には、「良い浪費」と「悪い浪費」2種類の考え方があります。

「良い浪費」とは心を豊かにする「浪費」です。「友達とスイーツを食べてリフレッシュする」「勉強の休憩時間にゲームを楽しむ」など、心にプラスになる浪費は時には必要ですね。一方、「悪い浪費」は、後悔するようなお金の使い方です。「衝動買いして、1回も着ることなくタンスにしまっている服」「ゲームセンターで意地になってつぎ込んだUFOキャッチャー代」など。「良い浪費」「悪い浪費」どちらと捉えるかは自分次第ですが、お金を使った後に振り返ってみて「良かった」と思えるお金の使い方を心がけたいですね。

そして、もう1つの考え方は「投資」です。投資とは一人ひとりがもっている「資質や財産＝資」を、「未来に向かって投げる＝投」ことで、みなさんの将来を豊かにするお金の使い方です。例えば、「将来外国で仕事をしたいので英会話を習う」「水泳の全国大会を目指してスイミングスクールに通う」なども自分の能力や価値を上げるための大事な「投資」ということになります。

みなさんは、この1週間でいくらお金を使いましたか？　おこづかい帳をつけている人は、見返してみるとすぐわかりますね。つけていない人も、まずは、

お金の使い方の3つの分類

消費　生きていくために、生活するために必要なものに使うお金。

浪費　日常生活に必要ではないけれど、欲しいもの、やりたいことに使う。浪費は悪いことばかりじゃない！

- 〇 良い浪費：心を豊かにするために使う
- × 悪い浪費：ムダ遣い、後から後悔するような使い方

投資　自分の成長や将来への投資のために使う。お金を増やすために使う。

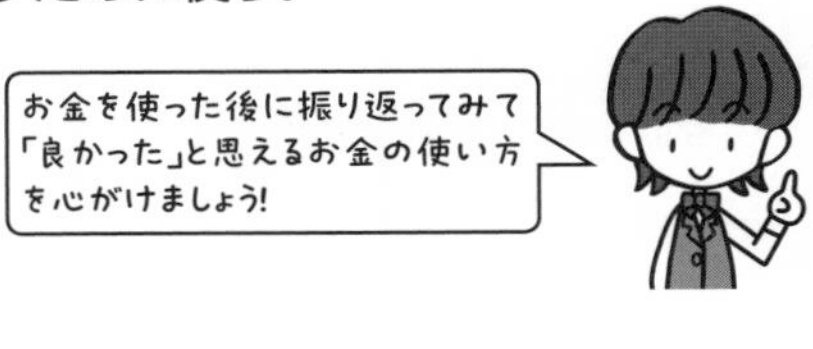
お金を使った後に振り返ってみて「良かった」と思えるお金の使い方を心がけましょう！

この一週間の支出だけ思い出して、シートに書き出してみましょう。この時、「消費・良い浪費・悪い浪費・投資」と分類してみましょう。

いかがでしょうか？　コンビニでジュースやお菓子に１０００円も使っていたとか、交通費だけで２０００円もかかっていたなど、意外な支出に気づくことがあります。１週間に、タクシー代として３万円も使っていたことに気づいてびっくりしていた大学生もいましたよ。書き出してみることで、「悪い浪費」が多いことがわかったり、自分のお金の使い方のクセに気づくことで「お金の使い方の課題」を見つけることができます。

＜ワーク＞1週間に使ったお金を振り返ってみよう

購入した（使った）もの	金額	支払い方法	消費・投資 浪費（良い・悪い）
（例）ポテトチップス	150円	キャッシュ	消費？ or 浪費？

お金が足りないときはどうする?

あなたは、欲しいものがあるのに、お金が足りない時はどうしますか?

「5000円のゲームが欲しいけれど、毎月のおこづかいは2000円」という場合は、3カ月頑張って貯めればなんとか買えそうです。また、「読みたい本があるけれど高くて買えない」という場合は、図書館で借りる、中古で安く買う方法がないか探してみる、そんな手段もありますね。

家や車など、金額が大きなものを買う時は「ローン＝お金を借りる」という方法もあります。また、時には「あきらめる」という考え方も必要です。

お金は無限にはありません。「限られたお金をどう使うか?」完璧な使い方なんてないし、大人になっても悩む人は多いです。ただ、大事なことは、一生つき合っていく「お金の使い方」は、みなさんそれぞれが「自分で決めないといけない!」ということです。

毎日お金を使うときに「このお買い物は自分にとって良いお買い物かな? 悪い浪費じゃないかな?」と、ちょっとずつ意識することから始めてみましょう。

コラム

お金を使うのって難しい?

マイクロソフトの創始者で世界有数のお金持ちでもあるビル・ゲイツさんの格言に「うまくお金を使うことは、それを稼ぐのと同じくらい難しい」という言葉があります。お金を貯めることは大事ですが「限りあるお金を、自分にとって価値のあるものに使う」のも、とても大事です。

上手にお金を使えるようになるために「おこづかい帳」をつける習慣をつけましょう。「お金の出入り」を見える化することで「長期的なお金の管理」と「お金の使い方の計画」ができるようになります。もらったお金（収入）、お買い物などで出ていくお金（支出）、残ったお金（残高）を書き込んでいって、1カ月でいくら使ったか、いくら残っているか（残高）をチェックします。自分でノートに書いてみる、パソコンを使ってエクセルで作ってみる、スマートフォンの「おこづかいアプリ」を活用するのも良いでしょう。自分に合うやり方でチャレンジしてみてください。大事なことは、月の終わりに「うまくお金が使えたかどうかを振り返る」ことです。「このバッグはお気に入りで今も大切に使っているので、◎」「お菓子を買いすぎて後悔しているので、×」など、1つ1つの項目を振り返って感想も書き込んでみましょう。そして、来月は、「無駄を省いて予算○○円でやりくりする」とか、「衝動でお菓子を買わない!」など、目標を立ててみましょう!

第4章

気をつけよう!
お金のトラブル

LESSON 14

いろんな消費者トラブル

学生さんに「お金は好きですか？」という質問をすると、ときどき「お金は怖い」「好きじゃない」という答えが返ってくることがあります。「どうして好きじゃないの？」と聞いてみると、「お金がたくさんあるとトラブルに巻き込まれそう」「お金に目がくらみすぎると人生、失敗しそう」など、マイナスのイメージを持っている人もいるようです。お金は大切なモノだし、私たちにとって無くてはならないモノだけれど、確かに「お金」には、そんな「怖い部分」もあるのかもしれません。ここでは、みなさんに気をつけて欲しい「お金にまつわるトラブル」についてお話しします。

テレビやSNSなどで、「〇〇商法」「〇〇詐欺」などという言葉を耳にすることはありませんか？　2022年4月、成人年齢が20歳から18歳に引き下げられたこともあり、ここ数年若者をターゲットにした、消費者トラブルが問題になっています。次のグラフは、国民生活センターの相談件数（18歳・19歳）です。2021年同期比でみると2022年は増加しています。では、若者に多い消費者トラブルについてみてみましょう。

①マルチ商法

消費者を販売員にして、仲間を勧誘させて会員を増やしていく商法です。化粧品や美容機器などさまざまな商品があります。「お友達に紹介すると、リベート（手数料）がもらえるのでどんどんもうかりますよ」などと言われますが、会員を増やせず多額の商品を購入して在庫を抱えてしまったり、商品を買うためにローンを勧められたりすることもあります。友達との信頼関係が崩れてしまうことにもつながりかねません。親しい友人からの誘いでも、おかしいと思ったときは断る勇気が必要です。

国民生活センターの相談件数（18歳・19歳）

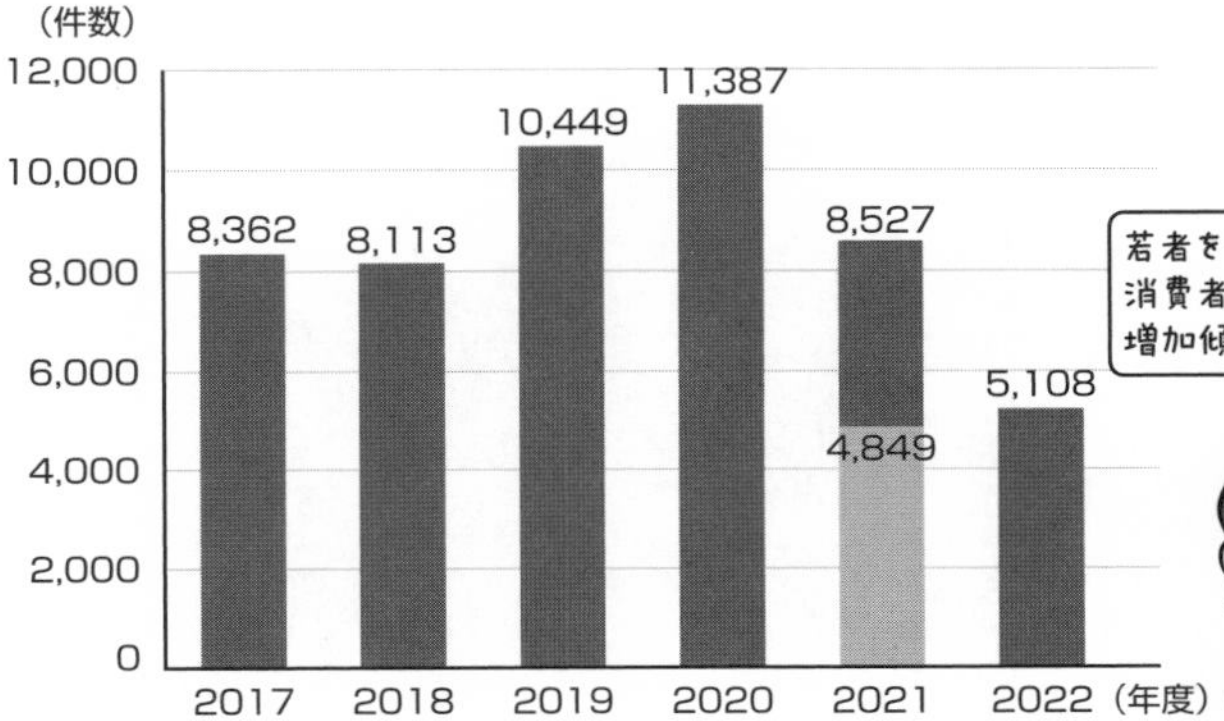

※2022年度は10月末までの件数。
2021年度同期件数（2021年10月31日までの登録分）は4,849件。
※出典：独立行政法人国民生活センター

②受験や就職活動につけこむ悪徳商法

「この教材をやったら絶対○○大学に受かります」「この資格を取得したら就職に有利です」など、若者の不安につけ込んで高額な商品を売りつける手口です。就職活動中の学生が、志望する会社の内定を取りたい一心での「高額な自己啓発セミナー」に申し込んでしまうトラブルなどもあります。SNSなどを巧みに使って勧誘してきますが、怪しいと思ったら「要りません」としっかり断りましょう。

③利殖商法

「必ず値上がりする」「絶対に損することはない」「元本が割れることはない」などというセールストークで、金融商品のようなものを買わせたり、出資を求めたりして購入代金をだまし取る商法です。「必ずもうかる」そんな都合の良い話はありません。

④タレントやモデル契約のトラブル

悪質な芸能事務所などからスカウトされ、タレント契約すると、高額なスクールの入学金や授業料を請求されるなどのトラブルです。モデル募集という案内を見て応募したら、アダルトビデオに出演することを強要されたといった例もあります。

⑤アルバイトや副業のトラブル

「簡単にもうかる」「オンラインで誰でも気軽にできるお仕事」など、SNSなどを通して魅力的な誘い文句で宣伝するアルバイトのトラブルも多発しています。楽してもうかる仕事はありません。口コミに惑わされず、まずは業務内容や労働条件をしっかり確認することが大事です。

⑥その他

●キャッチセールス

街中などで声をかけられて、カフェやお店、事務所などに連れていかれて商品やサービスを薦められ、契約を強要されたりします。

●デート商法

出会い系サイトなどを通じ、恋愛感情を利用して高額な商品を売りつけたりします。

●オンラインやネット関連のトラブル

突然、身に覚えのない商品が送られてきたり、オンラインで注文しても商品が届かなかったりといった「通信販売トラブル」です。商品を買っていないのに請求書が届く「架空請求」などもあります。

●美容、医療関連のトラブル

脱毛エステサロンで無料体験後、高額な契約をさせられてしまったが解約できない。健康食品をお試しのつもりで注文したら、定期購入契約だった、などの相談が増えています。

●マンションなどの契約トラブル

賃貸マンション、アパートなどを退去する際に、多額のクリーニング代やリフォーム費用を請求される場合があります。

「友人から聞いたことがある」「自分も騙《だま》されそうになったことがある」そんな方も

いらっしゃるのではないでしょうか。私が教えている大学生たちに聞いてみても、自分、または知り合いがトラブルにあった、という話をよく耳にします。

実際にあったトラブル

①お金がもうかるライターのアルバイト

稼げるアルバイトを探していた18歳のA君、たまたまSNSで見つけた「割のいいアルバイト」が気になり、投稿者に問い合わせしてみることに。SNSで数回やり取りをした後、アルバイトの詳細について、有名私立大学の学生と名乗る女性Bさんからカフェで話を聴くことになりました。

（カフェにて）
大学生B　○○大学（有名私立大学）の○○です。記事を書いていただくライターのお仕事です。こちらのUSBに文章の書き方、手順があります。未経験でも出来るお仕事ですよ。私もやってますが、月に20～30万円位は楽に稼げますよ。

Ａくん　文章なんて書いたことないけど……僕でも本当にできますか？

大学生Ｂ　大丈夫ですよ。こちらのＵＳＢにある説明通りにやれば簡単です。ＵＳＢはたったの20万円、１カ月で元は取れて、そのあとは自分の力でどんどん稼ぐことができます。たくさん稼いで、お友達や家族を見返しませんか？

Ａくん　20万なんてお金は無いので無理です……。

※ここで、名門国立大学生と名乗る大学生Ｃ（男性）が登場

大学生Ｃ　私もやってますよ。めっちゃ簡単でおいしいバイトだと思います。今お金が無くても、クレジットカードを使えば買えますよ。僕も作りました。良かったらクレジットカードの作り方も教えますよ！

Ａくんは２人をすっかり信用し、勧められるがままに、オンラインでクレジットカードの「申し込み」をし、その後、クレジットカードの「リボ払い契約」でＵＳＢを購入しました。結局ＵＳＢには、確実にライティング業務でもうかるようなノウハウは無く、仕事を依頼されることも、記事を書くこともなく、20万円のクレジットカード

の支払いだけが残ってしまいました。

②アルバイト契約料のトラブル

大学生ＨさんもＳＮＳで次のようなアルバイトを見つけて問い合わせをしました。

「簡単なチャット相談のお仕事です。1件3000円、10回やると3万円稼ぐことができます。ただ、はじめにアルバイト契約料として2万のお支払いが必要です。でも、すぐに元が取れるので安心してください」

Ｈさんは、アルバイト契約料として2万円を払いました。契約後、仕事をもらえることはなく、2万円を回収することもできなかったそうです。

いずれも、私の身近なところで起こったトラブルです。被害にあった人たちは「自分は大丈夫だと思っていた」と話します。相手は騙《だま》しのプロです。信頼できる人を装い、説得力のある絶妙なトークで落とし入れようとしてきます。このようなトラブルや手口があることを知っておくことが、みなさんの身を守ることにつながります。

LESSON 15

18歳成人になって何が変わったの？

さて、成人年齢が18歳になって「消費者トラブルが増加している」とお話ししましたが、それはどうしてだと思いますか？

ここで、18歳成人になって変わった点を整理しておきましょう。

18歳成人になってできるようになったことを確認しておきましょう!

◆18歳でできるようになったこと

- 携帯電話の契約
- ローンを組む
- クレジットカードを作る
- ひとり暮らしの部屋を借りる
- 結婚する
- 国家資格を取得する
- 性同一性障害の人が性別の取り扱いの変更審判を受けられる

◆20歳でできるようになること

- 飲酒
- 喫煙
- 競馬・競輪
- 養子を迎える

どこが大きく変わったのでしょうか? 勘の良い人はおわかりですね。今までは、20歳にならないとできなかった「契約」が、18歳からできるようになったのです。「携帯電話の契約」「家を借りる、賃貸契約」、「分割払いでバイクを買う、ローン契約」、「自分名義のクレジットカードを作る」これらはすべて「契約」です。

20歳未満は、保護者の同意(サイン)がないとできなかった「契約」ですが、2022年の4月からは、判断能力が未成熟な18歳でも自分1人で契約ができるようになりました。そこにつけ込んで、悪徳業者があの手この手で騙《だま》そうとしてくるわけです。

成人は自分の判断で契約することができます。良い面もありますが、その「契約」については自分で責任を持たなければなりません。「消費者トラブル」にあわないように、しっかり考えて行動するようにしてくださいね。

未成年者取消権《みせいねんしゃとりけしけん》

未成年の場合、契約をしてしまった後でも、保護者が申し出ることで「契約を取り消すことができるという権利」です。未成年者の場合「契約」等に関する判断能力が未熟とみなされ、以前は20歳未満の人が対象となっていました。成人年齢が18歳に引き下げられ、この「未成年者取消権」という権利が行使できる年齢が20歳未満から18歳未満に下がったこともトラブル誘発の要因になっています。

実は、先の項目のトラブル例のＡくんが騙《だま》されたのは２０２１年で、成人年齢が下がる前でした。当時18歳だったＡくんは「未成年者取消権」を行使できる（使える）年齢だったので、保護者と一緒に自治体の相談窓口の支援を受けて契約を解除し、支払った「20万円」全額を取り戻すことができました。もし、Ａくんが1年後にあたる２０２２年4月以降に騙《だま》されていたら、18歳はすでに成人なので、この権利を使うことができなかった、つまり、契約を取り消すことができず、20万円を失ってしまった可能性があります。

LESSON 16

「契約」って何?

そもそも「契約」って何でしょう? 「契約」とは、お金を払って、人からモノやサービスの提供を受けたり、働いてお金をもらったりする約束の一種です。では、「約束」と「契約」とは何が違うのでしょうか?

「契約になる約束」は、約束の内容の実現が、「法によって保護されるもの」と説明できます。逆に言うと「契約」である約束を破ると、「法律によって裁かれる」ことになります。「契約」は慎重に行わないといけないですね。

ところで、みなさんは「契約」をしたことがありますか?

改めて聞かれると「契約なんてしたことないかな?」と思った人もいらっしゃるのではないでしょうか。おそらく、この本を読んでいるみなさんの中に「契約をしたことが1度も無い」という人はいないと思います。ちょっとヒントをお話ししてしまいましたが、「契約」に関する次のクイズにチャレンジしてみてください。

☆クイズ　この中で「契約」に当てはまるものはどれでしょうか？

①Suicaを使って、電車に乗る
②コンビニでアイスクリームを買う
③家電量販店でスマートフォンを購入する
④マンションを借りる
⑤マイホームを買う

「契約をしたことが1度も無い」という人は、いないと思います

○はいくつつきましたか？　実は、これらは全て「契約」です。コンビニでの小さな買い物であっても、「モノを購入する」場合は「売買契約」が成立しています。
では、もう1つクイズです。

☆クイズ
コンビニでアイスクリームを買った時、契約は次のＡＢＣ、どのタイミングで成立するでしょうか？

普段何気なく行なっている動作で契約が成立しているんですね

A 商品を受取った時
B 代金を支払った時
C 店員さんが「はい、かしこまりました」と言った時

Cが正解です。契約が成立するタイミングは、店員さんが「はい、かしこまりました」と言った時、つまり、お金の支払いのタイミングではなく「売る人（事業者）と買う人（消費者）が合意した時」になります。消費者が「これ、買います」と言って「わかりました」と店員が答えた時点ですでに契約は成立していますので、その後は、消費者は自己都合で簡単に返品はできないことになります。

「契約」というと、「お金を借りるローン契約」や「マンションの賃貸契約」などを連想しがちですが、みなさんにとってとても身近なものであることがわかりましたね。

民法では、申し込みを受けた人が承諾の意思を示した時点で「契約」は成立すると定められています。つまり「口約束であっても契約は成立」します。契約書にサインをしていなくても、また、電話で確認されて承諾するだけでも「契約」は成立してしまいますので、気をつけるようにしましょう。

LESSON 17

「クーリングオフ」って何？

みなさんは、「クーリングオフ」という言葉を聞いたことがありますか？　中学校の家庭科の教科書にも載っていたと思いますが、覚えていますか？

では、説明をする前に復習も兼ねて「クーリングオフ」に関するクイズをやってみましょう。

☆クイズ　クーリングオフできるものはどれ？

A　デパートで買ったスーツ

B　テレビショッピングで買った美容機器

C　5日前、訪問販売で買った英会話教材

クーリングオフを日本語に訳すると「頭を冷やして考え直す」という意味があります

正解はCの、訪問販売で買った英会話教材です。ポイントは「不意打ち性にあたるかどうか」です。訪問販売は「不意打ち性の高い勧誘」に該当します。一方、デパート

に行って買った場合など、自分でじっくり考えて購入した商品は対象外になります。通信販売やネットショッピングは原則クーリングオフの対象外ですが、事業者が自主基準で返品制度を設けていれば返品が可能です。テレビショッピングなどで「この商品、○日間使ってみて、お気に召さなかった場合は返品が可能です」などと告知しているケースがありますよね。これがここでいう「自主基準」にあたります。

クーリングオフ(cooling off)とは、契約を結んだ後に一定期間(8日・20日間※)その契約を無条件で解消することができる制度のことで、「特定商取引法《とくていしょうとりひきほう》」という法律で認められています。日本語に訳すると「頭を冷やして考え直す」という意味があります。契約を結んだ後「失敗だった、どうもおかしい」と思ったら、契約相手に対して、書面で「クーリングオフ」を申し出るようにしましょう。

クーリングオフができる期間

内容	期間
訪問販売・キャッチセールス・電話勧誘販売など	8日以内
特定継続的役務提供(タレント養成スクール、語学教室など)	8日以内
マルチ商法	20日以内
業務提供誘引販売取引(モニター商法・内職商法など)	20日以内

※内容によって可能な日数が違います。
※契約書面受領日を含みます。

コラム

困ったときは相談!
消費者ホットライン「188《いやや》」

消費者トラブルにあったり、巻き込まれそうになったりしたときは、自分1人で抱えこまず、保護者や、学校の先生に相談するようにしましょう。きっと力になってくれます。

身近に相談できる人がいない、どうしても話せない事情がある場合は、公的な窓口でサポートを受けることもできます。

みなさんが相談しやすい窓口として、独立行政法人国民生活センターの「消費者ホットライン」があります。番号「188(いやや)」に電話をすると、最寄りの相談窓口につながります。電話で対応できない場合は、対面で専門家の方のサポートを受けることもできます。

「国民生活センター」をLINE登録すると、「トラブル診断」や、「若い人に気をつけてほしい最近のトラブルの事例」などのさまざまな情報を得ることもできますよ。

◉消費者ホットライン「188」

第5章

お金を借りる

LESSON 18

お金を借りるのは悪いこと？

みなさんは「お金を借りる」という言葉を聞いて、どんな印象を受けますか？

「お金を借りる＝借金」だから、ちょっと怖いとか、「借金」という言葉を聞くと、お金に困って生活できなくなったり、サラ金（借金取り）に追われて逃げ回ったり…など、悪いイメージが浮かんできて「不幸」を連想してしまったりするかもしれません。

そもそも「お金を借りる」って悪いことなのでしょうか？　みなさんにとっては、少しなじみが薄いかもしれないですが、実はこのテーマは、私が最も学生さんに伝えておきたい話です。ここでは、「お金を借りる」をテーマに一緒に考えてみましょう。

☆質問です。「あなたは、これからの長い将来、お金を借りますか？」

① お金は絶対、借りません。

② できたら借りたくないけれど、借りることがあるかもしれない。

③ きっと借りるかも。または、すでに借りている。

そもそも「お金を借りる」のは悪いことなのかな？

あなたはどれに手を上げますか？

私が授業をしている小学生や中学生の中には「絶対借りたくない！」という人がちらほらいます。でも、高校生や大学生になると、ほとんどの人が2番か3番を選びます。とても現実的な話ですが、マイホームなどは数千万円かかるのが普通なので、まじめに将来についてイメージをすると「お金を借りないと無理かな？」と思う人が多いようです。また、高校生になると、奨学金を借りて大学に進学する準備を始める人もいます。

お金を借りるといっても「家族からお金を借りている」とか、「財布を忘れて友達にお金を借りた」なんて経験は、多くの人があるかもしれませんね。

「お金は絶対借りない」と決めている人もいます。住まいに関しては、先祖から譲り受けた家があったり、賃貸住宅に住んだりという方法もありますので、大人でも、お金を借りずに生きている人はたくさんいます。ですので、そういうポリシーを持って生きていくのも良いことだと思います。

さて、冒頭の問いかけ「お金を借りるのは悪いこと？」みなさんはどう思いますか？

結論から、お話すると「借金すること＝悪」ではありません。「お金を借りるしくみ」

は私たちの生活にとって欠かせないものですし、経済活動においても重要な役割を果たしています。

では、どんなときにお金を借りることがあるでしょうか？　みなさんのこれからをイメージして考えてみてください。

まず思いつくのは、マイホームの購入ではないでしょうか。大きなものを買うときは自己資金だけでは足りなくて、多くの人はローンを活用して家を買います。ローンとはloan（英語で貸付という意味）で、銀行などの金融機関で申し込むことができます。自動車を買うときなどの「自動車ローン」や「マイカーローン」といった言葉もＣＭなどで聞いたことがある

<ワーク>どんな時にお金を借りるか考えてみよう！

・

・

・

・

・

・

・

のではないでしょうか?

そのほかに、事業を起こしたり、会社を設立したりする際もお金を借りるケースが多いです。その場合「融資」という言葉を使います。融資もお金を借りる「借金」の一種ではありますが、「融資」は事業用に金融機関からお金を借りる場合を指します。一方で、消費(家や車などを買ったり生活費のために使う)のためにお金を借りる場合は「ローン」と言います。

学生のみなさんに身近な制度としては、学校の授業料などのためにお金を借りる「奨学金」があります。日本にある奨学金は、給付型の奨学金(所定の金額がもらえる)や、免除型の奨学金(入学金や授業料を免除してもらえる)もありますが、多くは返済が必要な「貸与型の奨学金(借りたら返す)」です。つまり、奨学金の大半は「お金を借りる制度」なのです。

その他、これは、みなさんには経験してほしくないことですが、生活していくためのお金が無くなって、借金をしてしまうという人もいます。

では、これらのお金はどこで借りることができるのでしょうか? お金を借りる制度はどんなものがあるのでしょうか?

LESSON 19

いろんなお金を借りる制度

お金を借りるところはいろいろあります。家族や友人から借りるケースは別として、みなさんにも身近な銀行の他に、奨学金を借りることができる「日本学生支援機構」や、教育ローンを扱っている「日本政策金融公庫」などの国の機関もあります。都道府県や市区町村の福祉組織である「社会福祉協議会」では、主に収入が少ない人や高齢者、障がい者の方々の生活を

銀行のローンの種類

種類	内容
住宅ローン	マンションや戸建て住宅の購入やリフォームをする時に借りるローン
自動車（マイカー）ローン	自動車を購入するための資金を借りるローン
教育ローン	子どもの教育資金が足りないときに、保護者が借りるローン。民間の金融機関の他に、国の教育ローン（日本政策金融公庫）もあります。
カードローン	専用のカードでATMなどを使ってお金を借りるローン。使い道は自由で利用限度額の範囲内ならば何度でも借りられるのが特徴。
フリーローン	旅行費用や病気の治療費、結婚資金など、お金を使う目的が自由なローン。
事業ローン	個人事業主や経営者、企業などが事業資金を借りるためのローン。

※全国銀行協会のサイトを参考に筆者が作成

支えるためのお金の貸付を行っています。消費者向けにお金を貸すことを目的とした「消費者金融」と呼ばれる金融機関もあります。

奨学金(貸与型)は、学生自身が自分の名義(名前)で借りて将来働いて自分で返済するものです。一方で、教育ローンは、親が子どもの教育費を払うために借りるものです。そのほかの奨学金として「○○県や○○市等が設けている、地方公共団体の奨学金」「財団や企業の奨学金」「進学した大学や専門学校で独自に設けている奨学金」もあります。お金を借りる「貸与型」だけでなく、成績優秀者やスポーツ、課外活動等で実績を残した人、経済的に厳しいなどの条件を満たした場合にもらえる「給付型奨学金」等もあります。進学するときは活用できるものがないか、調べてみてくださいね。

奨学金の種類(日本学生支援機構の例※1)

種類	内容
第1種 (貸与型)	金利の負担が無い(無利子) 月額20,000～54,000円(自宅通学・私立大学の場合)
第2種 (貸与型)	金利の負担がある(有利子) 月額20,000～120,000円(大学の場合※2)
給付型	返還不要の奨学金(住民税非課税またはそれに準ずる世帯が対象)※住民税非課税世帯〈第I区分〉の場合 38,300円(自宅通学・私立大学の場合/生活保護世帯、児童養護施設等から通学する人は42,500円) →　別途、授業料と入学金の免除、減額あり

※1　利用するには、経済面(家計基準)や学力基準などの審査があります。
※2　私立大学の医、歯、薬、獣医学部は増額があります。

LESSON 20

お金を借りるときに大切なこと

では、質問です。お金を借りる時に1番大事なことはなんでしょうか?

「きちんと契約書を作ること」「信用できる人から借りること」など、どれも正解です！ すばらしいですね。

でも、何よりも大事なことは「借りたら返すこと」です。「そんな当たり前のこと、言われなくてもわかっているよ！」という声が聞こえてきそうです。でも、借りたけど、返せなくなってしまう大人が世の中にはたくさんいます。

「お金を借りること＝悪いこと」ではないと冒頭にお伝えしました。大事なことは「借りたお金は、約束した条件を守って期限内にきちんと返すこと」です。逆に言うと「計画的に期限通り（契約した内容通り）に返すことができるお金」は借りても問題ないということになります。

では、借りたお金を返さなかったらどうなるでしょうか?

個人信用情報機関（ブラックリストのようなもの）のしくみ

ローンの種類や契約によっても異なりますが、滞納を続けるといわゆる「ブラックリストのようなもの」に、名前が載ってしまいます。実際は「ブラックリスト」というものが存在するわけではないのですが、私たちが、金融機関と取引した情報（ローンなどの借入状況や契約情報など）は「個人信用情報」として、「個人信用情報機関※」に、名前や住所などの基本情報と合わせて管理されています。その情報の中で、過去にお金を借りて滞納したことがあったりすると「お金に対する信用が低い人」として記録が残ってしまいます。その状態を「ブラックリストのようなもの載る」と表現しています。そして、そのような人だといったん記録されてしまうと「家を買うので住宅ローンを組みたい」とか「クレジットカードを作りたい」と申し込んでも、個人信用情報機関に問い合わせが入り、審査が通らなくなってしまいます。いったん「お金に対する信用が低い人」と判断されると、慌ててお金を返済しても、しばらく記録が残ってしまいます。

ちょっとしたミスや「少しくらい遅れても大丈夫かな？」といった安易な判断が、みなさんの将来に悪い影響を与えてしまう可能性があります。「借りたお金は、約束

※現在、個人信用情報機関は、CIC（株式会社シー・アイ・シー）、全国銀行個人情報センター、JICC（株式会社日本信用情報機関）の3つがあります。

通りに返す」を必ず守ってください。また、お金を借りている意識が無くても「借りていることになっている」という、気をつけたい例があるのでお話しします。

スマートフォン契約の落とし穴

携帯ショップで新しいスマートフォンを購入、契約した場合は注意が必要です。毎月のスマホ料金に機種代が含まれていたり、〇〇割引といったサービスがあって見かけの機種代が無料になっていたりする場合でも「割賦販売契約《かっぷはんばいけいやく》」という契約を結んでスマホを分割払いで購入しているケースが多いです。今月は金欠でスマホ代が払えず「スマホ利用を止められちゃった」なんてことになった場合、通信代だけでなく「機種代のローンを滞納してしまっている状態」になってしまう可能性がありますので、気をつけてください。

クレジットカードってお金を借りているのと同じこと？

クレジットカードの利用も注意が必要です。クレジットとは英語で「信用（credit）」という意味で、信用のある大人だけが持つことができます。クレジットカードの特徴は、買い物をするときに、銀行にお金が無くても支払いができる点です。でも、実際は、1~2カ月後に「後払い」として引き落とされるので「一定期間お金を借りていること」と同じ意味になるのです。

現金が手元になくてもお買い物ができてしまう便利なクレジットカードですが、いざお金が引き落とされる支払いのタイミングで銀行にお金の残高がないと支払いが滞ってしまいます。すると、借金の返済ができないのと同じことになります。滞納を続けるとやはり「ブラックリストのようなもの」に名前が載ってしまいます。

成人年齢が18歳になり、高校3年生から大学1年生の年齢でも、自分の意志でスマホの契約ができたり、クレジットカードを作ったりできるようになりました。早い段階で大人と認められ、できることが増えて便利になった反面、みなさんの将来に悪い影響を与えてしまうリスクも身近になりました。

お金は大事だし、素敵なものだけれども、上手につき合えないと「怖いもの」になってしまうことがあるので、気をつけてくださいね。

LESSON 21

知っておきたい金利のしくみ

「お金を借りる」というテーマの中で、私がみなさんに知っておいて欲しい知識として「利息のしくみ」があります。

「利息」ってなんでしょう？　なんとなくイメージできるけど、「きちんと説明できますか？」と言われると難しいですよね。私は「利息」を「お金の借り賃、レンタル料」だと伝えています。最近はレンタル屋さんでＤＶＤやＣＤを借りるということがめっきりなくなってしまいましたが、何かモノを借りる時には「レンタル料」を払いますよね。大学生のみなさんの中には「レンタカーを借りて旅行に行く」という人もいらっしゃるのではないでしょうか？

何を借りるにしても、レンタル料は安いほうがいいですよね。利息も同じです。「利息はできるだけ安いほうがいい！」これは覚えておいてください。

「利息」と混同しやすい言葉として「金利」があります。「金利」は、一定期間において支払う利息の割合のことを言います。例えば、「1年あたりの金利が1％」の場合、

「年利1%の利息」といった表現になります。それでは、実際に下記の利息計算のワークをやってみましょう。

計算はできましたか? 10%の金利だと、返済額が借りたお金の1・5倍になってしまいましたね。「私ならちょっと高いかな?」と感じますが、みなさんはどう感じますか?「10%の金利ってこれくらい」ということを少し頭に置いておいてください。

ここで「単利」という言葉出てきましたので、金利の計算方法の種類である「単利《たんり》」と「複利《ふくり》」の違いについて説明をしておきましょう。

単利と複利

金利の計算方法は2種類あります。ワークは「単利」で計算をしました。「単利」とは、借りたお金(元金)に対してのみ利

<ワーク>利息計算をやってみよう!(単利の場合)

利息 = 借りたお金(元金) × 金利 × 借入期間

Q 10万円借りて、金利が10%(年利率)
5年後に返すとしたら、利息はいくら?

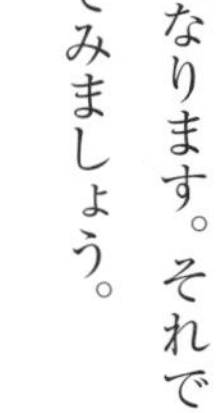

息をつけて計算します。先ほどのワークでは、はじめに借りた10万円に対してのみ、毎年10％の利息（1万円）が加算されていきます。ですので、1万円×5年＝5万円で、5年後の利息は5万円になります。

一方で「複利」計算の場合は、1年目、借りたお金（元金）と利息を合算した額が、次の年の元本（利息を計算する際のもとになるお金）になります。先ほどのワークで考えると、1年目の元金は10万円ですが、2年目は、1年目の利息分の1万円を合算した11万円に利息がかかります。、3年目は12・1万円（11万円×1・1＝12・1）が元本となり、同じように計算すると、5年後の返済総額は16・1051万円（10×1・1×1・1×1・1×1・1×1・1）に膨らんで、利息は、約6・1万円となります。このように複利の方が利息の負担が大きくなることがわかります。

<ワーク>利息計算をやってみよう!（答え）

利息 ＝ 10万円 × 10% × 5年 ＝ 50,000円

A 利息が50,000円、つまり**5年後**に
1.5倍の合計15万円を返済することになります。

金利を比べてみよう

今度は、お金を借りる時、金利の違いによってどれくらい利息に差が出るかを比較してみましょう。例えば、大学に進学するために「金利が低い奨学金」と、「金利が高い消費者金融」とでそれぞれお金を借りた場合、利息はどれくらい違うでしょうか?

借りる金額は「毎月5万円」で4年間借りたとして合計すると、240万円(5万円×12カ月×4年)になります。この「240万円」を15年かけて返していくと想定します。金利が0・5%の奨学金の場合は、利息は約9・2万円ですみます。元金と利息を合計した返済額は250万円程度になります。一方、金利が15%の消費者金融で

「金利が低い奨学金」と「金利が高い消費者金融」の比較

たとえば、学校に進学するために240万円借りて、15年間、毎月返済した場合

15年間の利息の合計は…

奨学金(金利0.5%)の場合

毎月の返済額　13,842円
(総返済額　約250万円)

利息 約9.2万円

消費者金融(金利15%)の場合

毎月の返済額　33,590円
(総返済額　約605万円)

利息 約365万円

金利が違うと利息だけでこんなに差があるのです!

※金融広報中央委員会　資金プランシミュレーションで試算(元利均等返済)

２４０万円を借りて、15年で毎月返済するシミュレーションをするとどうなるでしょうか？　なんと、利息だけで３６５万円になります。これに元金の２４０万円をたしますので、消費者金融で借りると合計で約６００万円も返さないといけないことになります。いかがでしょうか？　金利は「低いほうがいい」と改めて感じますね。

　お金を借りる時の金利は、「お金を借りる制度」や「ローンの種類」によって大きく違います。ローンの種類ごとの金利を比べてみると奨学金の金利は低くて有利なことがわかりますね。

ローンの金利を比べてみよう!

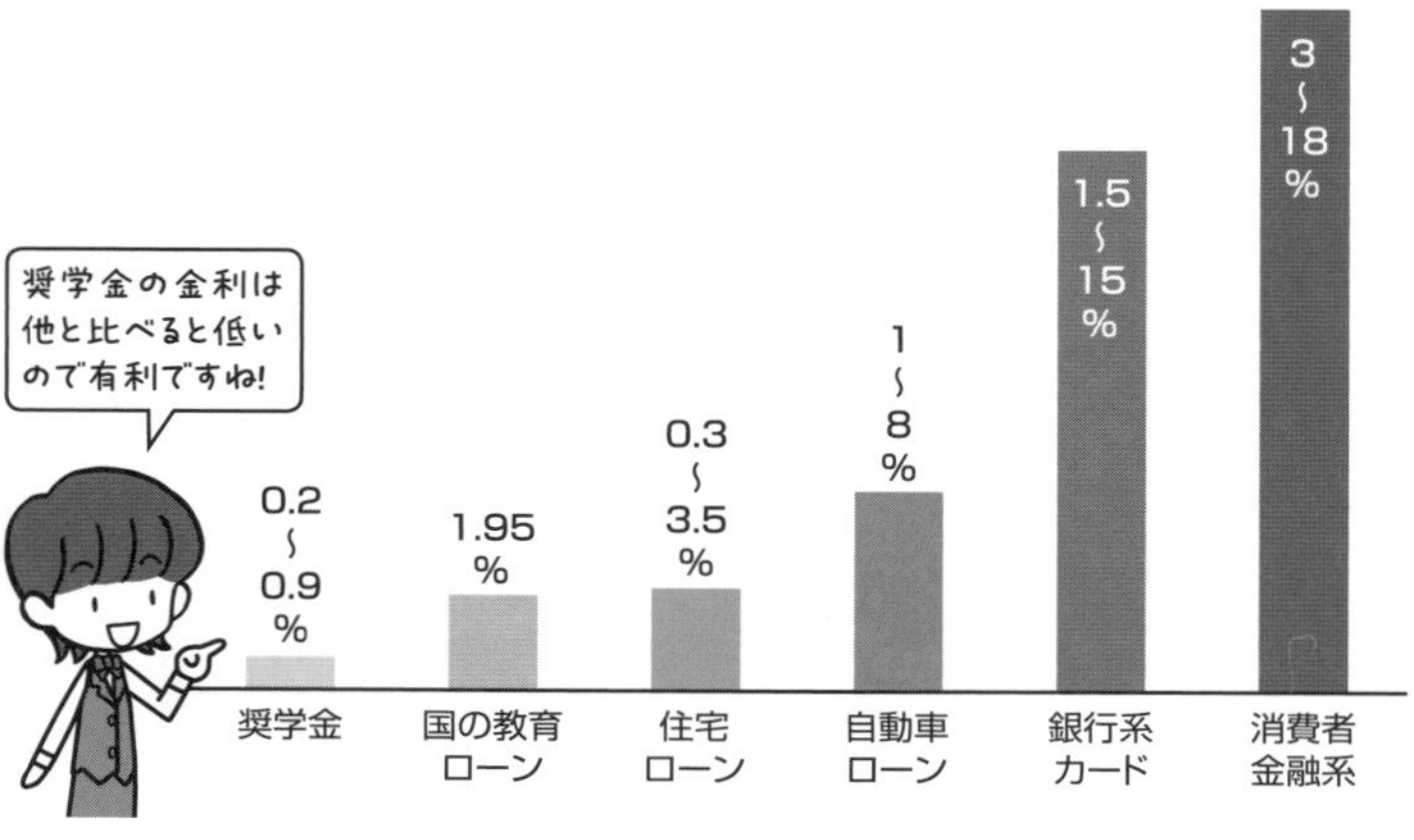

※金利は、変動金利、固定金利を含めた概算数値です。2023年2月現在
※「国の教育ローン」は固定金利

LESSON 22

お金を借りる時の「信用」って何？

ローンの種類によって、どうしてこんなに金利に差があるのでしょうか？　消費者金融の金利が高いのはどうしてでしょうか？

あなたが、誰かから「お金を貸してほしい」と頼まれているシチュエーションを想像してみてください。これはあくまでも「例えば」の話ですが、次のＡさん、Ｂさん、どちらならば貸してもいいと思いますか？

- **Aさん……お金に対してもしっかりしていて、日ごろからあなたが信用できると思っている人。**
- **Bさん……お金に対していい加減な印象で、顔を知っている程度でよく知らない人。**

ちょっと極端な例を出しましたが、おそらく、どちらかと聞かれたら「Ａさんの方がいいかな？」と思うのではないでしょうか。では、そう感じた理由はなんでしょう？

ＡさんとＢさんの大きな違いは「信用できる人かどうか」です。Ａさんの場合、日ごろから信頼できる人柄だと感じているので「お金を貸しても、ちゃんと返してくれるだろう」と思えるのではないでしょうか。一方で、Ｂさんのことは、もともと印象は良くなく、どんな人かもよく知らない、そんな人に大切なお金は貸せないですよね。

銀行などの金融機関も同じです。「お金に対して高い信用がある人」の場合は、「きちんと返してくれるだろう」と予測できるため、低い金利でお金を貸してくれます。もちろん「きちんと働いて収入を得ている人か?」「過去にお金を借りて滞納したり、トラブルを起こしたりしたことがないか?」を審査したうえで判断します。

比較的金利が低い「奨学金」や「住宅ローン」を借りるときも、必要書類を提出したうえで、しっかりとした審査を行います。逆に「お金に対して信用度が低い人」にお金を貸す場合は、本当に返さない人が出てくるリスクを考慮するため、金利は高くなります。だから、ＡＴＭなどで簡単に借りられるカードローンや審査が緩めの消費者金融などの金利は高く設定されているのです。「金利は低いほう」がいいですよね。誰でも簡単にお金を借りられるところは、「金利が高い」と覚えておいてくださいね。

LESSON 23

気をつけたい「リボ払い」

消費者金融や、クレジットカードの支払方法の1つに「リボ払い」があります。リボ払いは、商品の金額や買い物の回数に関係なく、利用限度額を設定し、その範囲内において一定額を毎月支払っていく方法です。

例えば、毎月の支払額を「1万円」と設定すると、利用限度額の範囲内であれば、いくらお金を使っても毎月の支出は1万円で済むので、とても魅力的に見えます。しかし、通常のクレジットカード払いと同様に、買い物した時点でお金が無くても「後から分割して払っていけばよい」というしくみなので、一定期間お金を借りているのと同じことになります。支払いの際は、実際に使ったお金に加えて手数料（利息）を支払わなければなりません。

後払いにする金額が増えるほど、借入残高が増え、毎月支払う金額に占める手数料（利息）の割合が大きくなっていくため、使えば使うほど利息の負担が重くなっていきます。手数料額（利息）が雪だるま式に増えて、返しても返しても元金が減らない、という事態に陥ってしまうリスクがあります。一般的に、リボ払いの1年当たりの金利は15~18%と高いため、特に注意が必要です。

キャッシングって何?

キャッシングとは、クレジットカードやキャッシング機能のついたカードを使って、コンビニや銀行のATMなどで現金を借りることをいいます。専用のカード(融資専用のカード)を使って借りる場合は「カードローン」と呼びます。これらも「お金を借りる」しくみの一つですが、機械を使って簡単に借りられることか

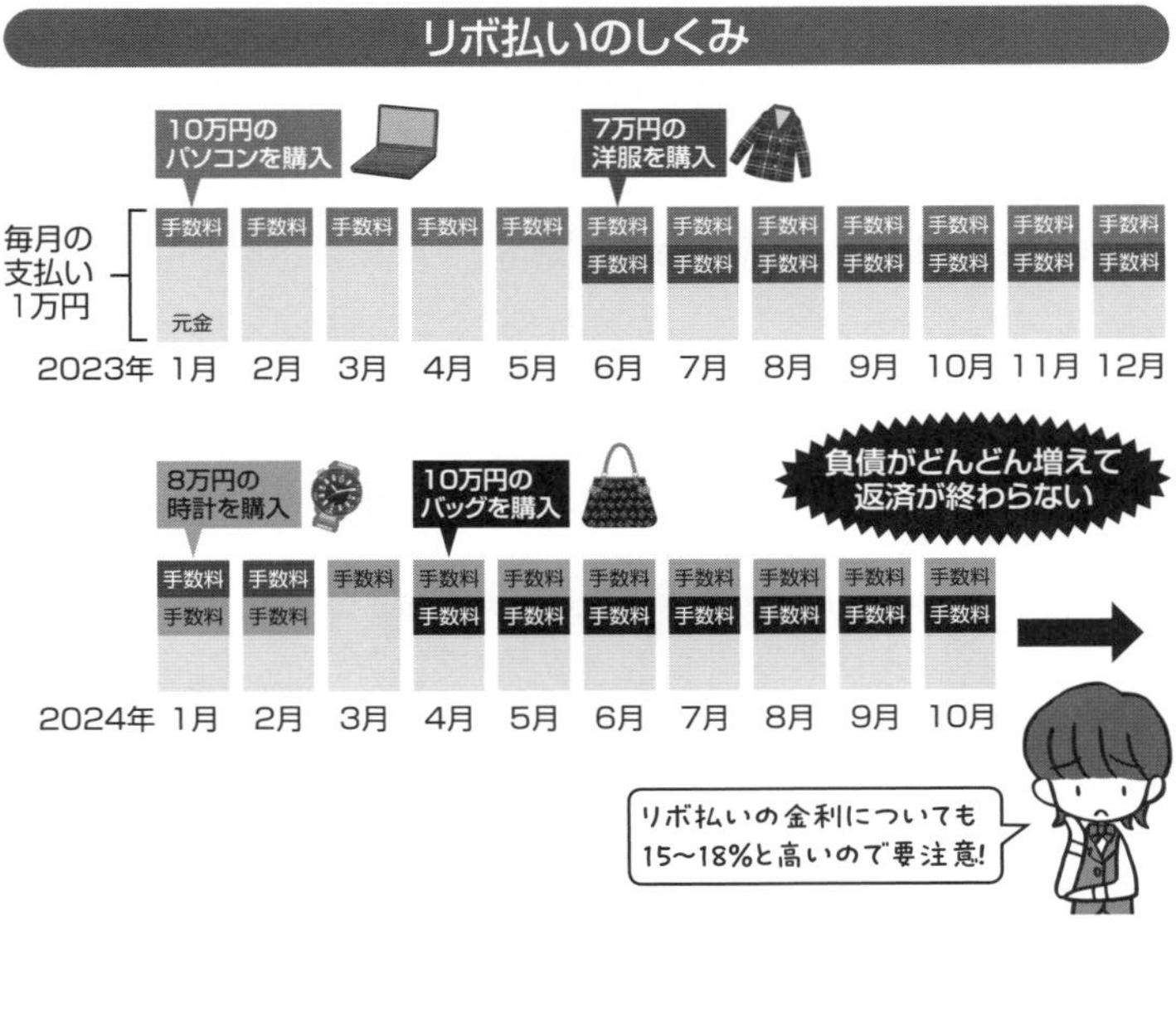

ら、金利は高めに設定されています。気軽には使わないようにしましょう。

多重債務ってどういう意味？

言葉を分解すると「多重＝たくさん重なる状態」で、「債務＝お金を借りた人が返さないといけない義務」という意味になります。「消費者金融などでお金を借りて、それを返済するために、また別の消費者金融などでお金を借りる」という具合に、繰り返してお金を借りている状態を「多重債務」といいます。

多重債務に陥ってしまうと利息の額が膨らんでしまうので、すべてのお金を返すのはとても大変です。そんな事態にならないように気をつけてください。また、万が一、お金の返済に困ったときは、信頼できる人や、公的な窓口で相談するなど、早めに対策を取るようにしてください。

コラム

お金がないのは辛いこと

10年ほど前、経済的に厳しいご家庭が多いエリアの高校で「お金を借りる」というテーマで授業をしました。「お金を借りる怖さ」や「金利の計算、金利の種類」などをお伝えしたところ、次のような感想をたくさんいただきました。

「わが家は借金まみれで、まさに今、その状態です。どうやったらこの状態から抜け出せるでしょうか?」

「親が金利の高いところでお金を借りて返済に苦しんでいます。金利の計算方法を知らないと思うので、今日習った金利のしくみを親に教えてあげようと思います」

「お金を借りる制度や金利のしくみ、計算方法、大切なことを教えてくださって本当にありがとうございました。自分が生きていくうえで、今、知ることができてよかったです」

16歳〜18歳の高校生たちが書いた、このような感想を読んで、涙を流したことが忘れられません。

手元にお金が無くなると、藁《わら》をもすがる気持ちで、消費者金融などでお金を借りてしまう人もいます。返すことができる見込みがあればまだよいのですが、今後、収入を得られる見込みがない中でお金を借りてしまうのは本当に危険ですし、怖いことです。困ったときは、勇気を出して、力になってくれる人や公的な窓口で相談してください。知っておくことで対策できる、気をつけられることがたくさんあります。

第6章

お金を稼ぐ

LESSON 24

何のために働くの？

みなさんは、宝くじで10億円が当たったら、そのあとの人生、働きますか？　働かないですか？

「お金がたっぷりあるならば、働かないで趣味ややりたいことをやって暮らします」という学生さんも多いですが、一方で「やりたい仕事、夢があるので働きます」という人もいます。また、「宝くじで当たった大金を資本にして事業を起こします」という「大きな志」を話してくれる人もいます。

小学生に「将来何になりたい？」と聞くと「お菓子屋さん」とか「ユーチューバー」なんて答えが返ってくることが多いようですが、高校、大学生くらいのみなさんはちょっと現実的になっていて、「働く」というのは「単なるお金を稼ぐ手段」であり、大人になったら、生きていくために「働かないといけないよな～」と、悲観的にとらえている人も多い気がします。日本国憲法の国民の三大義務の1つに「勤労の義務（27条1項）」があるのも学校で習いましたよね。

そもそも「働く目的」って何でしょう？ 教科書的な答えだと、次の3つの理由があります。

①生活のため
②社会的な役割を実現するため
③自己実現のため

若いみなさんに限らず、女性向けのセミナーなどで質問してみても、まずは「生活のため、お金を稼ぐため」という声が1番多いです。当然だと思います。「生きていくために必要なお金を稼ぐこと」は、なによりも大事なことです。

ちょっと、余談になりますが、就職活動をしていてもなかなか内定が取れない、うまくいかないと、相談してくる大学生との会話はこんなケースが多いです。

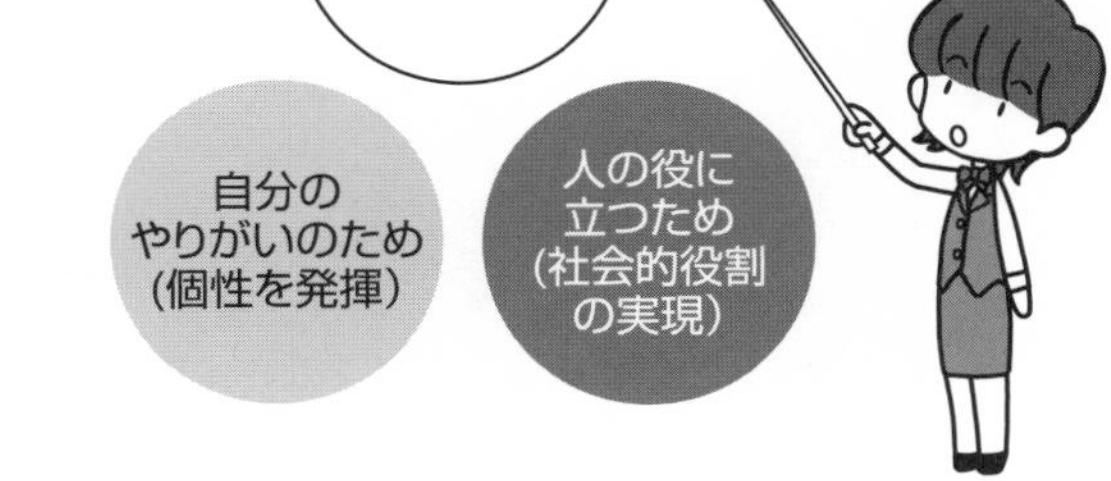

私　「どんなお仕事がしたいですか？」

学生　「9時から5時までの勤務で残業は少なめ、土日は休みで有給休暇がしっかりとれる仕事ならば、何でもいいです」

私　「よく考えてみてください。長い人生、20代から70歳くらいまで働く時代です。40年以上もの間、好きでもない、やりたいことでもないことを続けるってしんどくないですか？　同じ働くならば、〝お金のため〟だけでなく、〝誰かのためになったり、自分のスキルを活かしたり、好きなモノや自分の興味にもつながるような働き方〟ができるほうが良いと思いませんか？」

学生　「……」

フルタイムで働いたことが無いみなさんにとって「仕事とは？　企業などで働くってどんな感じ？」と言われても、なかなかイメージしづらいのかもしれませんね。

次のグラフは「働く目的」に関する調査結果です。18歳から29歳までの若い世代は、「お金を得るために働く」という回答が65％と突出していますが、歳を重ねるごとに「生きがいを見つけるために働く」とか「社会の一員として務めを果たすために働く」の割合が増えていることがわかります。現役生活の中でもっとも大きな割合を占める「働く時間」は、その人の生活そのものとなり、働くことが、「生きがい」や「生きる意味＝社会の中での役割」につながっていくのかもしれません。

ちなみに私は今、お金の授業をしたり、学生さんの就職活動の支援をしたり、忙しくて大変なこともあるけれど、仕事はとても楽しいです。特に、私の授業に参加して「お話が楽しかったです」「成長が実感できました」「大事なことを教えてくれてありがとうございました」なんて言われると嬉しくなって「また頑張って働こう！」と思います。働いて、お金をもらって「楽しみ」や「喜び」「達成感」が得られるなんて素敵なことだとは思いませんか？

「働く目的」に関する調査結果

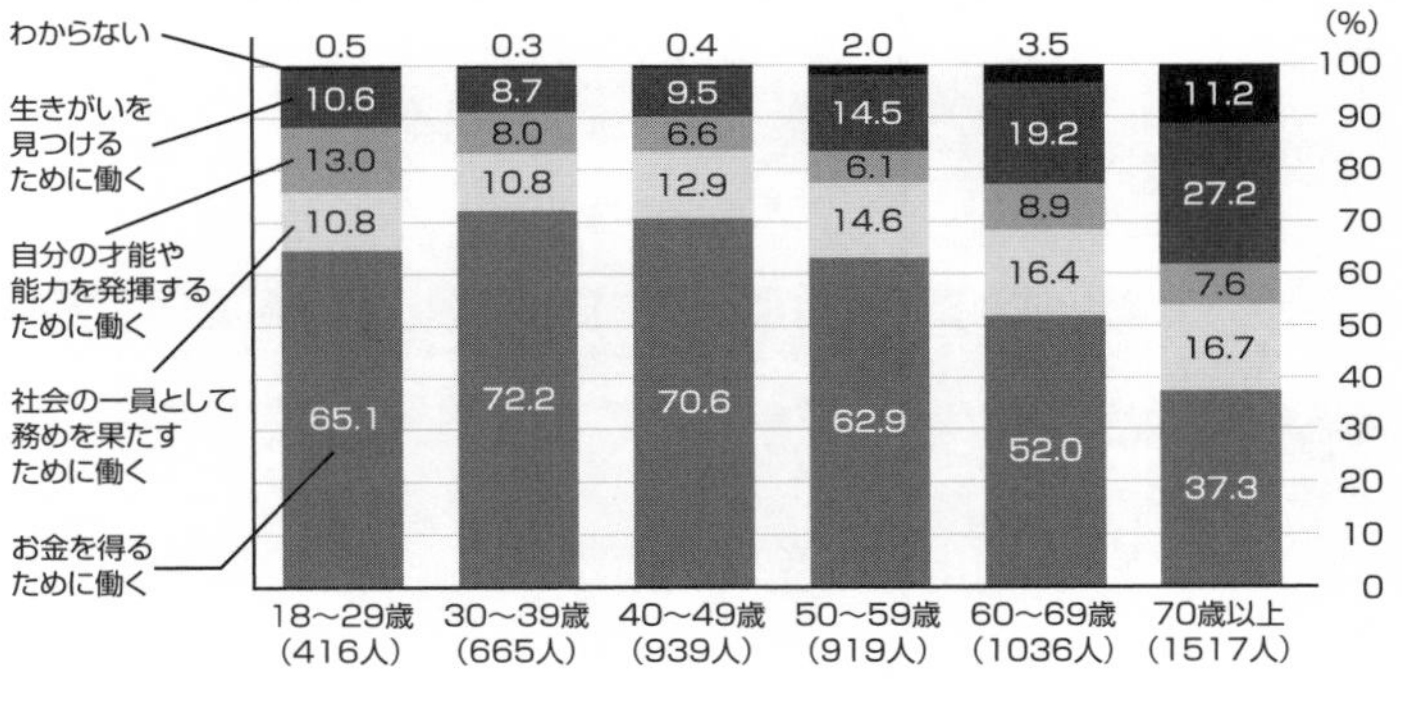

※出典：内閣府『令和元年度　国民生活に関する世論調査』

LESSON 25

働いて稼ぐお金

では、実際に就職して稼ぐお金はどれくらいでしょうか？

初任給は大卒であれば22～23万円程度です。厚生労働省が発表している、新卒学卒者の賃金のデータ（令和3年）によると、高卒17・97万円、専門学校20・69万円、短大・高専19・98万円、大学22・54万円、大学院25・35万円と、学歴によって差があります。こちらはあくまでも平均値なので、実際の賃金形態は、企業によってさまざまです。日本の会社は「年功賃金《ねんこうちんぎん》」というしくみを導入しているところが多く、新入社員から年数を重ねるごとにお給料が増えていくのが一般的ですが、初任給から40～50万円以上もらえるけれど、成果や能力重視で、長い期間継続して働いても、さほど賃金が増えない形態をとっている企業もあります。経済協力開発機構（ＯＥＣＤ）の発表によると、日本の賃

新規学卒者の学歴別にみた賃金

	高校		専門学校		高専・短大		大学		大学院	
	賃金（千円）	対前年増減率（%）	賃金（千円）	対前年増減率（%）	賃金（千円）	対前年増減率（%）	賃金（千円）	対前年増減率（%）	賃金（千円）	対前年増減率（%）
男女計	179.7	1.1	206.9	−0.5	199.8	−1.2	225.4	−0.3	253.5	−0.8
男	181.6	1.2	203.9	0.4	199.8	−5.6	226.7	−0.2	254.1	0.0
女	176.3	1.0	208.8	−1.3	199.8	0.4	223.9	−0.3	250.9	−3.5

※出典：厚生労働省　令和3年賃金構造基本調査（結果の概況）

金は先進7か国G7（Group of seven 日本・アメリカ・カナダ・フランス・イギリス・ドイツ・イタリア）の中で6番目と世界的に見ても低い水準になっています。「海外の企業の方が、お給料が良いから」という理由で、優秀な学生が外資系の企業に就職するケースも増えています。最近は、グローバル競争に負けないために、そして良い人材を採用するためにも賃金を大幅に上げる企業なども出てきています。

就職活動の時は、初任給だけでなく、企業の将来性や昇給率（働き続けたときに賃金がどう変わっていくのか）なども調べて、自分に合う会社を見つけてくださいね。

下記は、令和3年の業種別の平均賃金

業種別の平均賃金と賞与のデータ

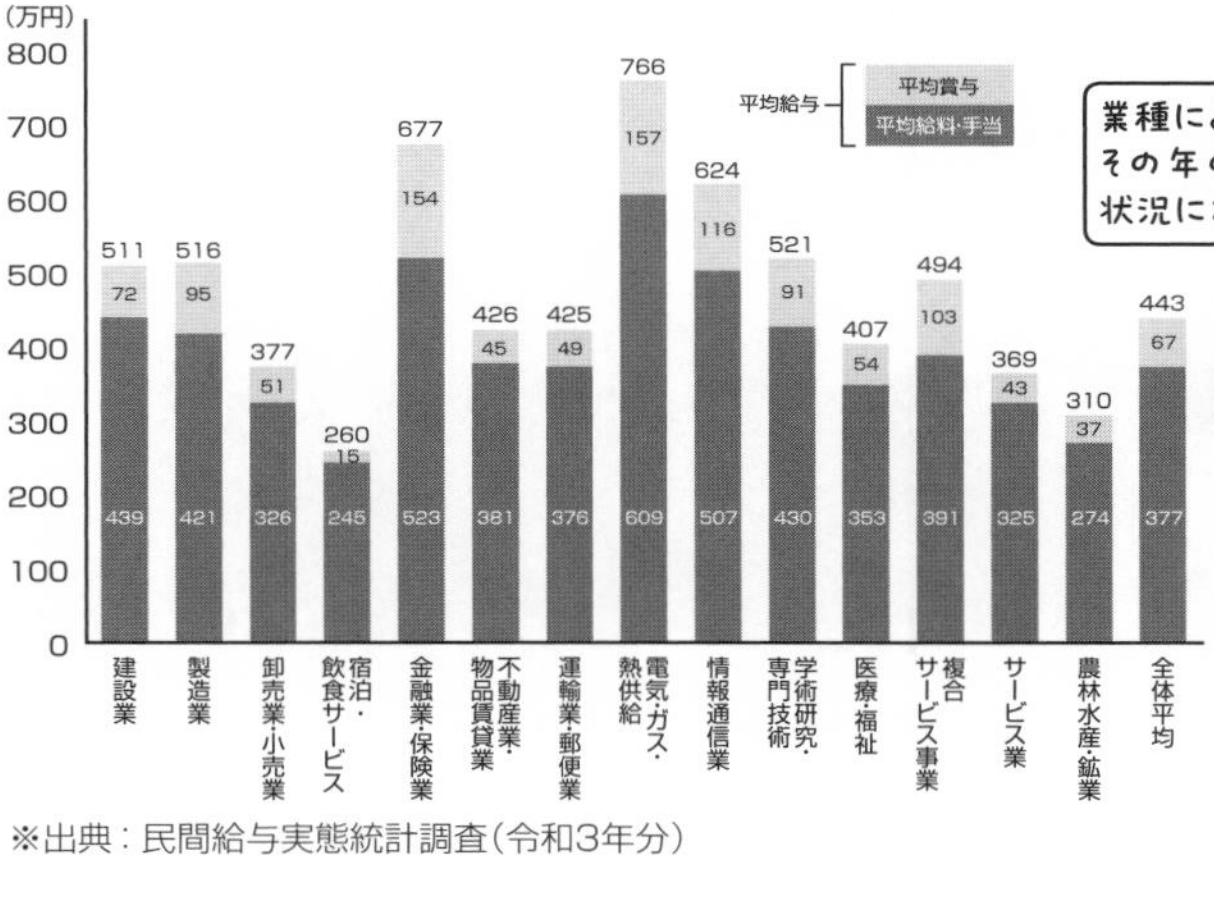

※出典：民間給与実態統計調査（令和3年分）

と賞与のデータです。業種によっても賃金の差があることがわかります。「賞与」とは、ボーナスのことで、その年の企業の業績によって金額は変動します。令和3年は「コロナ禍」真っ最中だったので「飲食、サービス業」の賞与が極端に少ない点などは「コロナ禍」の影響を受けている可能性があります。このようなデータを見る時は、その年の社会動向や経済状況によっても左右されることを知っておきましょう。

¥ 生涯賃金

ひとりの労働者が一生涯で稼ぐお金の総額を「生涯賃金」といいます。最近は、平均寿命が延びて、65歳~70歳くらいまで働くのが当たり前になってきました。大学卒業後、22歳で就職して65歳まで働いたとすると43年間にもなりますね。では、ずっと働き続けたら、いくらくらい稼ぐことになるのでしょうか。

次の図は、60歳までの生涯賃金のグラフです。転職をしたとしても、正社員、フルタイムで働き続けた場合の総額を示しています。大卒の男性だと、2億7千万円程度、女性で2億2千万円程度となっています。「○億円」と聞くと、大きなお金でびっくりしますね。一方、高卒の場合、男性で2億1千万円程度、女性は1億5千万円程度と、早く就職する分、働く期間は4年間長くなるはずですが、大卒に比べて生涯で見ると収入が少ないことがわかります。大学に進学するのはお金も時間もかかりますが、大学で学ぶことによって能力やスキルが向上し「その人を商品としてみたときの価値(値段)＝市場価値」が高まるのです。大学進学は自分の価値を上げること、つまり「自分への投資」と言えます。

さて、入ってくるお金である「生涯賃金」だけ見ると億万長者になれそうですが、このお金から、食費や住宅費、娯楽費などを支出して生きていくことになります。人生にかかるお金については、49ページの「人生にはどんなお金が必要?」を読んでくださいね。

60歳までの生涯賃金(退職金は含めない)

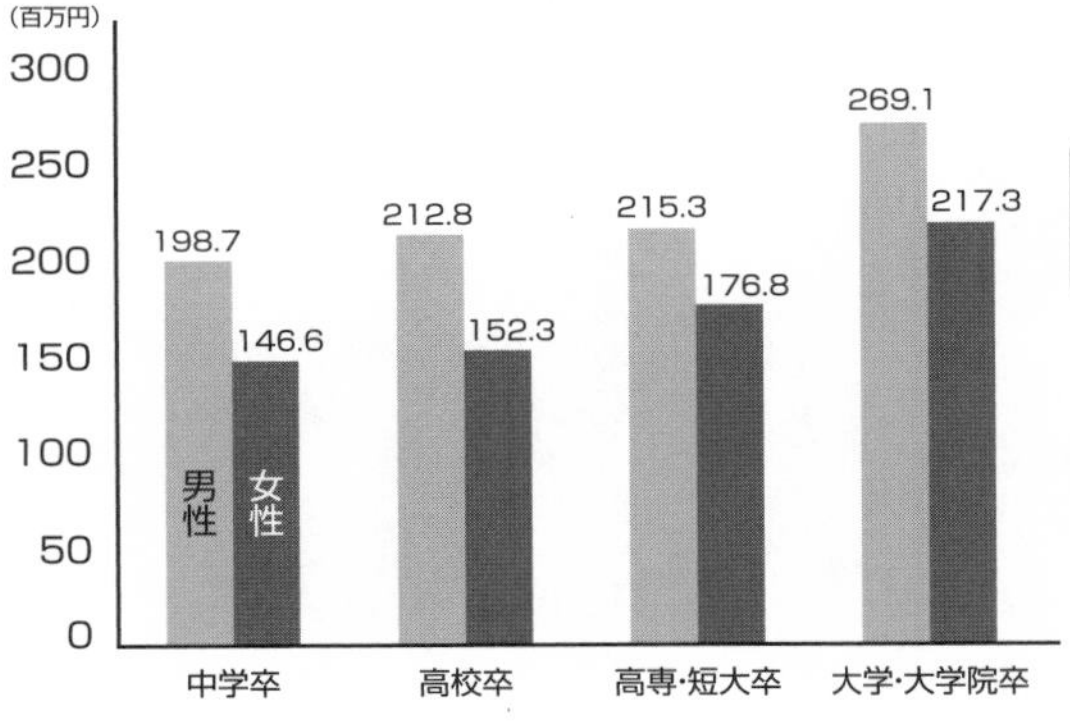

※出典：ユースフル労働統計 2021

LESSON 26

働き方による賃金格差

働き方には「正規雇用」の正社員の他に、「非正規雇用」という働き方があります。「非正規雇用」とは、パート、アルバイト、契約社員、派遣社員などが当てはまります。

実は、正社員という言葉に明確な定義は無いのですが、正社員の1番のメリットは「雇用期間の定めがない＝無期雇用」だということです。「雇用期間の定めがない」というのは、言い換えると、「会社は正社員として雇うと、簡単にやめさせることはできない（雇用契約を解消することができない）」ということです。

「正社員」については、「労働契約法」という働くことを取り決めている法律の中で、「解雇《かいこ》（雇用主が一方的に従業員をやめさせること）は、客観的に合理的な理由を欠き、社会通念上相当であると認められない場合は、その権利を濫用したものとして、無効とする。（第16条）」と定められています。法律の表現は少し難しいですね。簡単に言うと、正社員は「犯罪を犯した」とか「会社に大きな損失を与えた」など「世間的に誰から見てもそれはダメでしょう」と認められるような理由がない限り、会社の都合で辞めさせることができないように守られているのです。一方で、非正規雇用は、期間が限定されることが多いです。「契約社員」だと「半年や、1年契約」、派遣社員ならば「3カ月や6カ月の派遣契約」など、継続して働くことができる期間が決まっています。契約期間が終わってしまうと、契約を更新できることもありますが、会社の経営状況によっては契約が終了となり、仕事を失ってしまう可能性があります。

コロナ禍で、多くの非正社員は「雇い止め＝契約の更新をしないこと」で職を失いました。非正社員の働き方は、正社員と比べると「不安定な働き方」であることがわかります。

働き方のスタイルによる違い

	働き方	雇用形態	メリット	デメリット
正社員 ＝ 正規雇用	正社員	会社に直接雇われる。 ※無期雇用＝雇用期間の定めはない。	給料が安定しており、社会保障・福利厚生も充足している。	責任の重い仕事を任される。転勤などの可能性もある。
非正社員 ＝ 非正規雇用	契約社員	会社に直接雇われる。 ※期間が限定される。 （無期雇用もあり）	期間が決まっており、将来の計画が立てやすい。	正社員と比べ給料が少ない。安定しない。
	派遣社員	人材派遣会社に雇用されて給料をもらう。 ※期間が限定される。	働く時間帯や曜日、期間を選ぶことができ、自由な働き方ができる。	ボーナスや退職金は無く、社会保険にも加入できない場合がある。
	パート アルバイト	会社に直接雇われる。 ※長期・短期など様々	自分の都合に合わせた短時間勤務が可能で、自由度が高い。学生でも気軽に働ける。	時給は1072円（東京都令和4年10月改正最低賃金）以上。 収入が少ない。

非正社員の働き方は、正社員と比べると
「不安定な働き方」といえます

賃金はどれくらい違うのでしょうか？

下記の図は、年齢が上がるにつれて正規雇用と非正規雇用の賃金がどう変化するかを示した「賃金カーブ」です。正規雇用の場合は、年齢とともに賃金が増えていきますが、非正規雇用の場合、年齢が上がってもあまり時給が変わらないことがわかります。

高校生や大学生のみなさんは若いので、アルバイトなどで長時間頑張って働けば、正社員で就職した時の初任給よりももっとたくさん稼げるというケースもあると思います。

実際、そう考えて「就職はしないで、フリーターになります」と言う学生さんもいます。でも、「若くて体力のある今と同じ働き方は、一生涯続けられますか？」「いつ仕事を失う

正規雇用と非正規雇用の賃金の変化

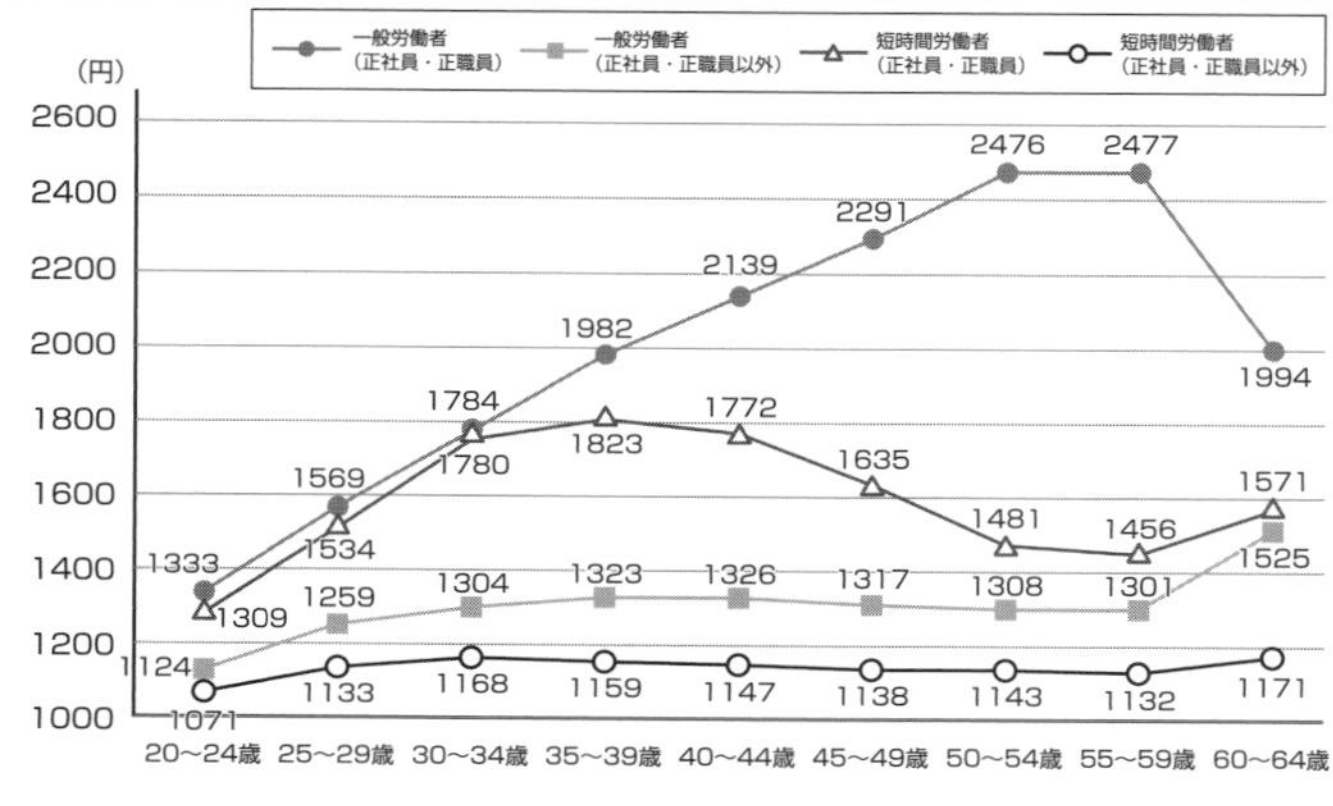

※出典：令和2年度版厚生労働白書

かわからない不安定な状態で、賃金が増えていかない働き方」と「はじめは少なくても、正規雇用でだんだん賃金が増えていく働き方」ならば、どちらが良いですか？

また、企業は長く働いてくれる可能性が高い「正社員」に対しては、仕事の能力やスキルを高めて会社に貢献して欲しいので、研修などの社員教育を積極的に行います。一方で、契約した期間のみ働く「非正社員（非正規雇用）」に対してはあまり積極的に教育を行いません。デジタル化が進んで、数十年前と今とでは、必要とされる業務は違います。技術はどんどん進歩して、仕事で求められるスキルも時代とともに変わっていきます。

今、働いている先輩社会人たちも、働きながら日々勉強しています。みなさんの未来は長いです。数十年後も必要とされる人でいられるように、働きながら技術を身につけたり、仕事を通して自分を高めたり、どんどん成長していってくださいね。

最低賃金ってどういう意味？

最低賃金とは、最低賃金法という法律に基づいて決められている「賃金の最低限度額」のことです。雇用主（使用者）は従業員に対して、最低賃金以上の賃金を払わなければなりません。守らなかった場合は、罰金を払わなければなりません。最低賃金は、都道府県ごとに決められていて毎年10月に改訂されます。地域別最低賃金といわれ「令和４年度の最低時給(最低賃金時間額)」は、全国平均で９６１円です。８５３円〜１０７２円と地域によって最大２１９円も差があります。ちなみに令和３年の全国平均が９３０円、令和２年が９０２円でしたので少しずつ上昇しています。

令和４年度の最低賃金は、どこの都道府県が１番高いと思いますか？　１番高いのは「東京都１０７２円」続いて「神奈川県１０７１円」、３番目が「大阪府１０２３円」となっています。もっとも低い「８５３円」の地域は、「青森・秋田・愛媛・高知・佐賀・長崎・熊本・宮崎・鹿児島・沖縄」です。アルバイトの人だけでなく、雇用されているすべての人の給料は最低賃金を下回らないように決められています。各都道府県の最低賃金は「厚生労働省のサイト」で確認することができます。アルバイトをしている方は、時給がその地域の最低賃金を上回っているか確認してみてくださいね。

ジョブ型雇用とメンバーシップ型雇用

最近は転職が当たり前になり、新卒大学生の約３割が３年以内で会社を辞めるというデータもあります。また、日本の伝統的な働き方である「年功賃金(年功序列)」「終身雇用」というしくみも崩壊しつつあります。

採用方法も変化しています。ここ数年、大手企業を中心に、一人ひとりの能力を重視して職種ごとに採用する「ジョブ型雇用」を導入する企業が増えてきました。「ジョブ型雇用」とは、欧米で導入されている採用方法で、その職種のスペシャリストとして採用する方法です。日本では「職種」ごとに採用するのではなく、まずは会社のメンバーの一員として採用し、適性に合わせて各部署に配属する「メンバーシップ型」を採用している企業が一般的ですが、欧米の採用方法に近づける企業が増えてきているのです。グローバル化が進んで、海外の会社に負けない強い企業になるために「一人ひとりの力」がより求められるようになっています。一方で「企業などに雇われる働き方」だけではなく、フリーランスなどの個人事業主、ユーチューバーや、SNSを活用してたくさん稼ぐ「雇用されない働き方」をする人も増えてきました。副業を認める企業も増え、1社でずっと働き続けるのではなく、複数の仕事をかけもちして稼ぐ人も増えています。働くことの自由度が増して、たくさんの選択肢から選ぶことができるようになってきたのは、良い傾向なのではないでしょうか。

LESSON 27

給与明細を見てみよう

ここからは、実際に働いた時にもらうお金について考えてみましょう。

みなさんは、「給与明細」を見たことがありますか？　アルバイトをして「給料」をもらっている人ならば、手にしたことがあるのではないでしょうか。

では、そもそも「給与」って何なのでしょうか？　「賃金」とは何がどう違うのでしょうか？

「給与」は、「企業など雇用している側が従業員に対して支払うお金のこと」をいいます。一方、企業から支払われて労働者がお金を受け取った場合は「賃金」といいます。支払う側か、受け取る側で言い方が違うのですね。

働いてお給料をもらうようになると「給与明細」の見方を知っておくことは、とても大事です。では、実際の給与明細の例を見てみましょう。

給与明細は、企業によって様式はさまざまですが、大きく「勤怠《きんたい》」「支給《しきゅう》」「控除《こうじょ》」の

3つに分けて記載されています。「勤怠」とは、従業員の勤務状況を指す言葉です。「労働日数や残業時間」などが記載されますので、自分が勤務した日数や就労した時間が合っているかを確認しましょう。

「支給」欄の「基本給」はベースになるお給料です。基本給に、時間外手当（残業代）や通勤手当（交通費）、などを合算したものが「総支給額」で、「控除」の欄には、「社会保険料」「税金」など、給与

給与明細を確認しよう（年収320万円/賞与32万円 入社2年目の場合）

（25.2万円）　　　　　　　（約20万円　可処分所得）
総支給額　－　控除額　＝　実際の手取り額
（社会保険料・税金）
※1年目は住民税がかかりません。

勤怠		支給		控除	
出勤日数	20	基本給	240,000	健康保険	12,753
労働時間	160：00	役職手当		厚生年金	23,790
残業時間		家族手当		雇用保険	1,260
休日出勤		時間外手当			
有給休暇	10			所得税	4,840
欠勤日数				住民税	9,216
遅刻早退		通勤手当	12,000		
		課税支給額	240,000		
		非課税支給額		控除合計	51,859
		総支給額	252,000	差引支給額	200,141

社会保険料（健康保険・厚生年金・雇用保険）
税金（所得税・住民税）
総支給額　　実際の手取り額

実際にもらえるのは2〜3割少ない額になります

から差し引かれる額が記載されます。「総支給額」から「控除合計」を引いたものが、「差引支給額」、つまり、自由に使えるお金である「手取り額」となります。

採用募集のときに「基本給は24万円」と書いてあっても、そっくりそのまま24万円もらえるわけではありません。その額から「社会保険料」と「税金」の2割程度(約5万円)が控除されます。ですので、自分が自由に使えるお金(手取り額)は、通勤手当を除くと19万円程度となります。この「手取り額」のことを「可処分所得《かしょぶんしょとく》」といいます。ちなみに「所得」とは、収入から「これを得るためにかかった必要経費」を差し引いた金額で、税金を計算する際のベースになるものです。「可処分所得」とは、少し意味が違いますので注意しましょう。

前述した通り、給与から差し引かれる控除は「社会保険料」と「税金」があります。「社会保険」は強制保険なの

可処分所得

可処分所得《かしょぶんしょとく》(手取り額) = 給料の総支給額 − 社会保険料 − 税金

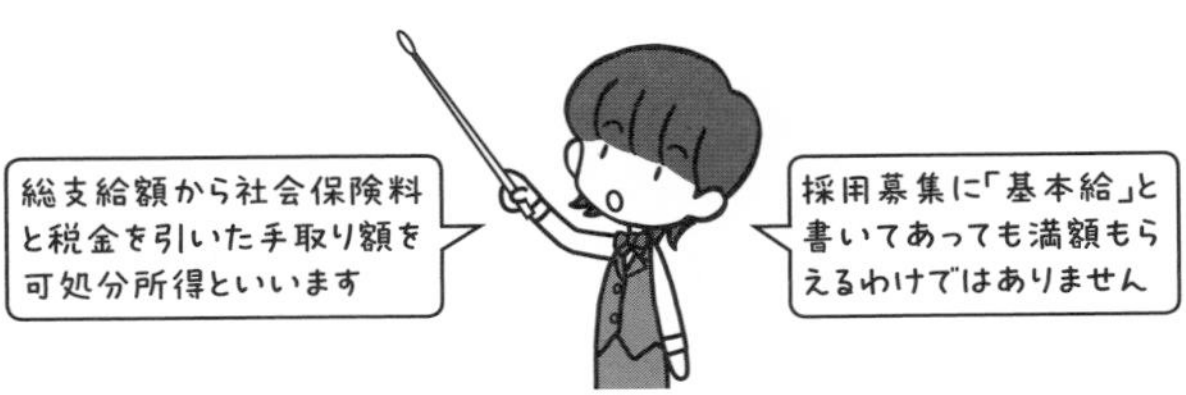
総支給額から社会保険料と税金を引いた手取り額を可処分所得といいます
採用募集に「基本給」と書いてあっても満額もらえるわけではありません

で、一定以上所得があるなど条件を満たした人は必ず加入しなければなりません。社会保険（健康保険、厚生年金、雇用保険）のしくみについては、131ページの『「社会保険」って何？』で詳しく説明します。

「税金」はいろんな種類がありますが、給与から引かれる税金は、「所得税《しょとくぜい》」と「住民税《じゅうみんぜい》」です。「所得税」とは個人が得た所得にかかる税金です。個人が収入を得た場合、収入から「必要経費」、「所得控除額（基礎控除、社会保険料控除など）」を差し引いた「課税所得（最終的に税金計算のもとになる所得）」に税率をかけたものが、実際に支払う「所得税」になります。「住民税」は、都道府県や市区町村などの「地方自治体」に支払う税金です。

所得税を支払う割合（税率）は5％～45％と所得

所得税の税率表

課税所得金額	税率	控除額
1,000円から1,949,000円まで	5%	0円
1,950,000円から3,299,000円まで	10%	97,500円
3,300,000円から6,949,000円まで	20%	427,500円
6,950,000円から8,999,000円まで	23%	636,000円
9,000,000円から17,999,000円まで	33%	1,536,000円
18,000,000円から39,999,000円まで	40%	2,796,000円
40,000,000円以上	45%	4,796,000円

※平成25年から令和19年までの各年分の確定申告においては、所得税と復興特別所得税（原則としてその年分の基準所得税額の2.1％）を併せて申告・納付することとなります。

によって違います。高所得の人のほうが、収入に占める税金の割合は高く、課税所得が4000万円以上の人は45%程度も税金を納めることになります。

税金の種類

学校の授業で「みなさんは税金を払ったことがありますか?」と質問すると、「学生だし、税金を払うほど給料をもらったこともないし、払ったことは無いかな?」なんて答えが返ってくることがあります。いえいえ、中高生以上のみなさん、絶対払ったことがあるはずです。どんな種類の税金があるでしょうか? 考えてみましょう。

税金とは、国や地方自治体が道路や橋、公民館や図書館などの公共施設や、学校や警察、消防などの公共サービスを提供するために国民から強制的に集めるお金のことを言います。税金は、国や地方自治体に対して直接

<ワーク>知っている税金の種類を挙げてみよう

・

・

・

・

・

納める「所得税」などの「直接税」の他に、買い物をした時に支払う「消費税」や「たばこ税」など、間接的に納める「間接税」もあります。「消費税」を払ったことが無いという方はきっといないですね。小中学校の義務教育が無償で受けられたり、家庭からでたゴミを処理してもらったり、交番や救急車が無料で利用できるのも、国民が税金を納めているからなのです。

税金は、私たちの暮らしを支える公共サービスに使われています

税の種類と分類

		直接税	間接税
国税		所得税、法人税、相続税、贈与税など	消費税、酒税、たばこ税、関税など
地方税	道府県税	道府県民税、事業税、自動車税など	地方消費税、道府県たばこ税、ゴルフ場利用税など
	市町村税	市町村民税、固定資産税、軽自動車税など	市町村たばこ税、入湯税など

コラム

「自分に合う仕事」に出会えるように！ 〜 WILL CAN MUSTの法則 〜

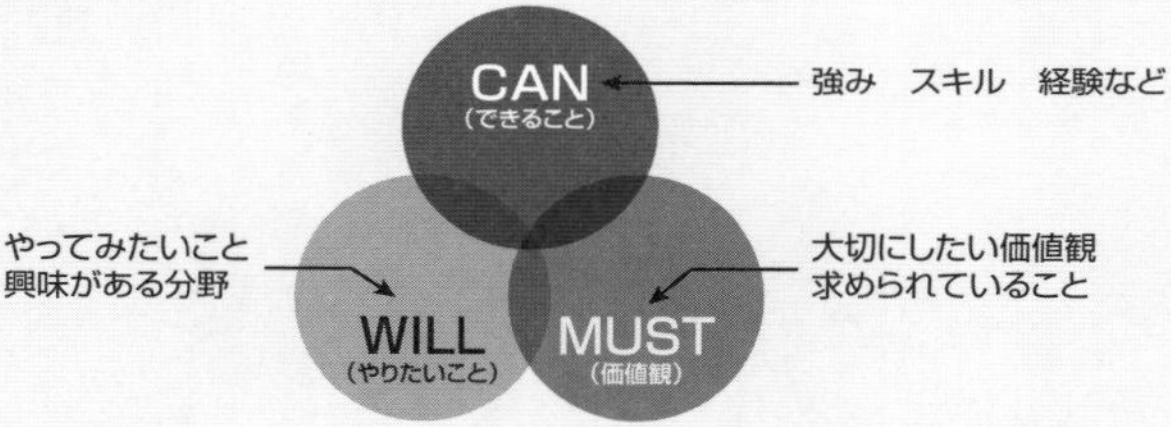

これらの3つが重なったところが、あなたに合う、自分の力が発揮できる仕事です。冒頭の「何のために働くの?」という問いに対して、「生活のため」「お金のため」としか思いつかない方は、「仕事」という言葉は忘れて、少し自分のことについて考えてみてください。自分が好きなこと、興味があることは何かな？（WILL）、得意なことは何だろう？ 他の人よりもほめられたりすることってないかな？ 頑張っている教科や習い事、取ってみたい資格はないかな？（CAN）。大切にしたい価値観は？（MUST）。その「WILL　CAN MUSTにつながる仕事って何かな?」と考えてみてください。WILLをもっと極めたら、きっと、他の人に負けない、スペシャルなCANにできますよ。

人生100年時代、働く時間は思った以上に長いですよ。みなさんが、将来、自分がやりがいをもってできる仕事に出会えるように、こころから応援しています。

第7章

保険について学ぼう

LESSON 28

「保険」って何？

突然ですが、あなたは「保険って何？」と聞かれたら答えられますか？

「生命保険」や「ガン保険」などは、テレビのCMで聞いたことがあるのではないでしょうか。病院に行ったときに「健康保険証はありますか？」と聞かれますが、これも「保険」という言葉が入っていますね。この章では、私たちの暮らしの中で身近に関わりがある「保険」について学びます。

そもそも「保険」って何でしょうか？　簡単に説明すると「保険」とは、病気やケガ、災害、

「保険」とは

多くの人から少しずつ
お金（保険料）を集めて
まとまったお金（保険金）を
経済的な損失を受けた人へ渡す

死亡などのリスクに備えて、「みんなでお金を出し合って、実際に経済的な損失を受けた人にお金を渡す助け合いのしくみ」です。

大きな病気やケガ、事故、災害などは、誰にでも起こりうることだけれども、すべての人に起こるわけではないし、だからと言って「自分は絶対そんな被害にあうことはない」という保証もないですよね。誰しもが、「もしかしたら私が被害にあうかも、病気になるかも…」というリスクと不安を抱えているわけです。そして、そういう事態に陥ってしまったとき、多額の治療費がかかったり、生活を立て直すためにも大きなお金が必要になったりする可能性があります。それを全部自分で払うのは大変ですよね。そんな不安を減らすために、万が一のリスクに備えて、みんなで少しずつお金を出し合ってしくみを作り、経済的に助け合うことができるのが「保険」なのです。

☆クイズ　知っている「○○保険」という名前がつくものを考えてみよう！

あなたは、いくつの「○○保険」を見つけることができましたか？　ここで、少し解説しておきますと「○○保険」は大きく2種類に分かれます。

1つは「社会保険（公的保険）」で、国や地方自治体などの公的な機関が運営している保険です。そしてもう1つは「民間保険（私的保険）」です。こちらは、CMなどでおなじみの「○○生命保険」「○○損害保険」といったネーミングのもので、民間の企業が提供している商品です。「社会保険（公的保険）」は憲法に定められた権利を保障するための制度で、強制加入なので国民は加入する義務があります。一方、「民間保険」は、任意の保険なので自由に選択することができます。

少し混乱しやすいところですが、いずれも、みんなでお金を出し合って「助け合うしくみ」という意味では同じ「保険」です。

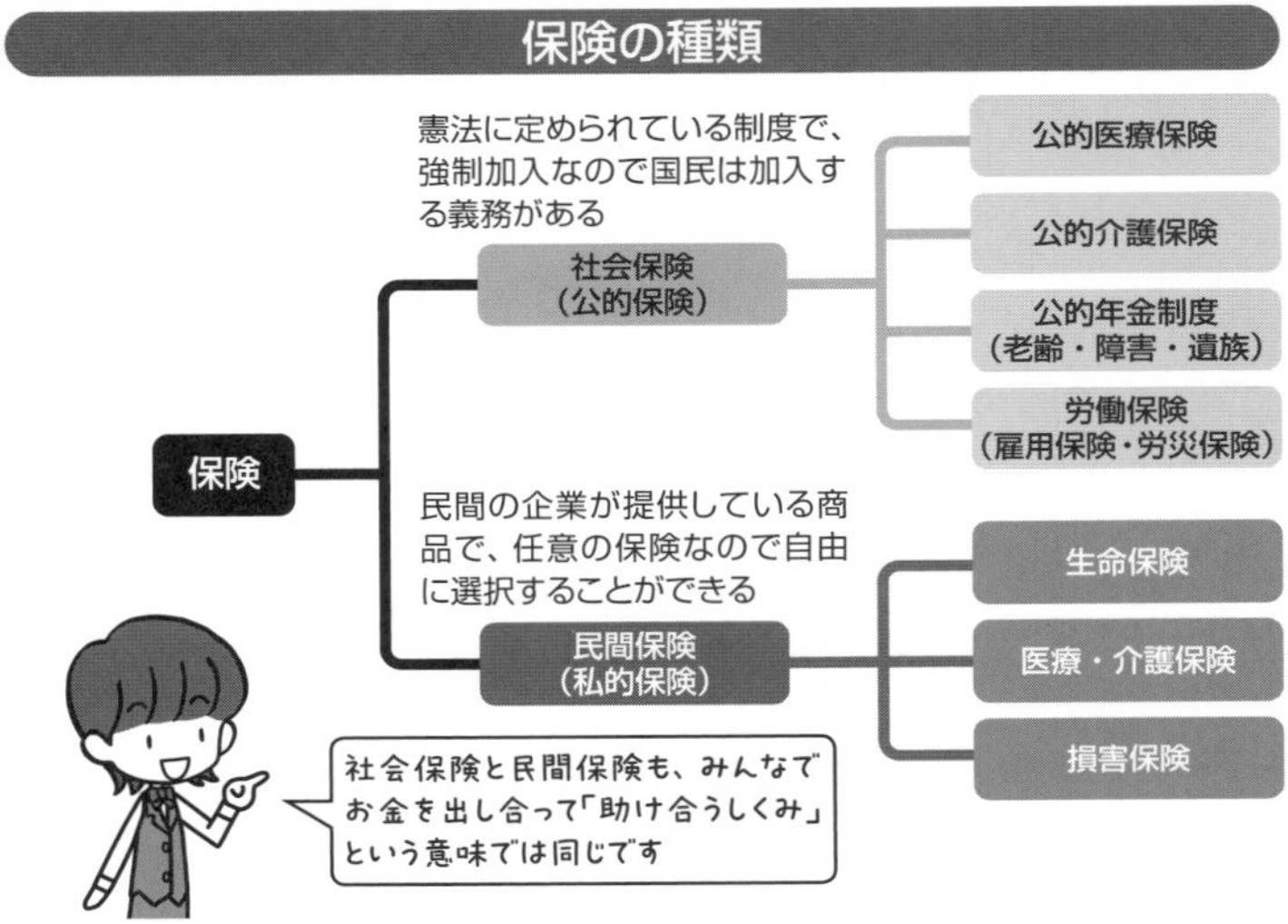
保険の種類
憲法に定められている制度で、強制加入なので国民は加入する義務がある
社会保険
（公的保険）
公的医療保険
公的介護保険
公的年金制度
（老齢・障害・遺族）
労働保険
（雇用保険・労災保険）
保険
民間の企業が提供している商品で、任意の保険なので自由に選択することができる
民間保険
（私的保険）
生命保険
医療・介護保険
損害保険
社会保険と民間保険も、みんなでお金を出し合って「助け合うしくみ」という意味では同じです

LESSON 29

「社会保険」って何？

まずは、「公的な保険制度」である「社会保険」についてみてみましょう。

社会保険と似た言葉で「社会保障制度」があります。「社会保障制度」とは、国が用意している「セーフティネット」のことで、病気やケガ、失業などの、やむを得ない事情で生活が厳しくなった時に国が生活を保障してくれるものです。ちなみに「セーフティネット」とは、英語で「safety net ＝ 安全な網」という意味で、網目のように救済策を張って国民に「安心」や「安定」を提供してくれるしくみです。

日本の社会保障制度は「社会保険」「公的扶助《こうてきふじょ》」「社会福祉《しゃかいふくし》」「公衆衛生《こうしゅうえいせい》」の４つの分野から成り立っ

社会保障制度とは

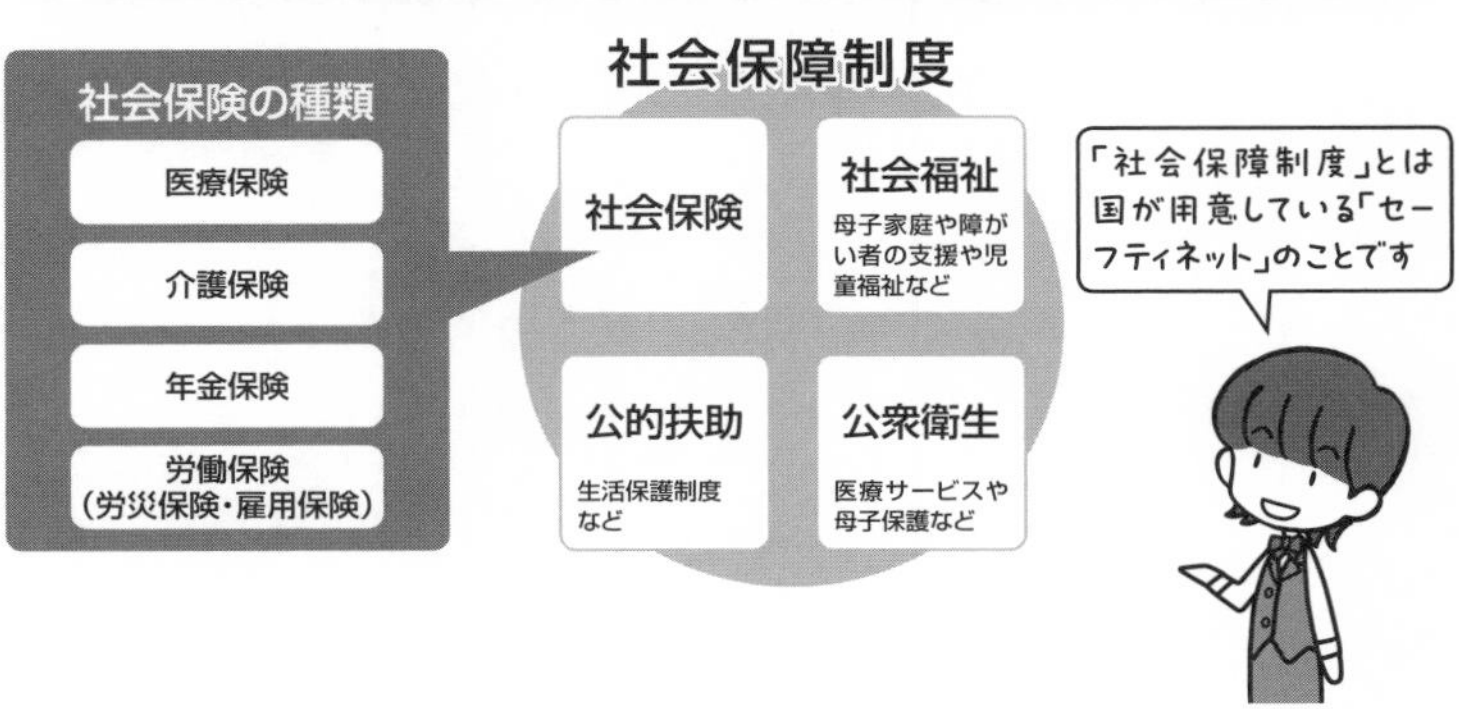

ています。「社会保険」は、大きな意味での「国が提供する保障制度」の中の1つとして、大事な役割を担っています。

生活保護制度（社会保障制度　公的扶助）

「生活保護制度」は、生活に困窮《こんきゅう》する人が「健康で文化的な最低限の生活」（憲法第25条）をできるように、自立を支援するためのセーフティネットです。食費や光熱費などの日常生活に必要な費用や、住宅費、学用品などの教育費の「扶助《ふじょ》」を受けることができます。「扶助」とは「経済的に援助する」という意味がある言葉で、生活保護は「公的扶助（国や自治体からの経済的援助）」の代表的な制度です。

「公的扶助」が「公助《こうじょ》」であるのに対し、この章で学ぶ「社会保険」は、国民同士がともに助け合う「共助《きょうじょ》」から成り立つ制度です。少し難しい言葉が多いですが、みなさんの生活の中でとても身近で大事なしくみなので理解してくださいね。

社会保険には、「医療保険（健康保険）」「介護保険」「公的年金（年金保険）」「労災保険」「雇用保険」の5つの種類があります。それぞれ見ていきましょう。

社会保険の5つの種類

<table>
<tr><th colspan="2">種類</th><th>保険料</th><th>どんな制度?</th></tr>
<tr><td colspan="2">医療保険
(健康保険)</td><td>健康保険料
※雇用される場合は労使折半</td><td>病気やケガで病院にかかった場合、治療費の7割(小学校就学後～70歳未満の場合)を負担してくれる。
高額療養費制度など、他にも給付制度があります。</td></tr>
<tr><td colspan="2">介護保険</td><td>介護保険料
(40歳以上が加入)
※労使折半</td><td>介護が必要になった場合に、1割から2割負担で介護サービスを受けることができる。</td></tr>
<tr><td colspan="2">公的年金
(国民年金・厚生年金)</td><td>国民年金保険料

厚生年金保険料
※厚生年金保険料は労使折半</td><td>老後や障がい者になった時などに年金がもらえる制度。20歳～60歳までの国民は全員加入する義務があり、毎月「年金保険料」を納めれば、原則65歳から「老齢年金」を受け取ることが出来ます。</td></tr>
<tr><td rowspan="2">労働保険</td><td>労災保険</td><td>労災保険料は
事業主が全額負担</td><td>業務中や通勤中にケガをしたり事故あった場合に給付金がもらえる。アルバイト中の事故も保障される。</td></tr>
<tr><td>雇用保険</td><td>雇用保険料は
事業主と従業員の両者が負担</td><td>勤めている会社が倒産したり、辞めたりした場合に、失業手当がもらえる。
出産・育児で仕事を休むとき、育児休業給付金がもらえる。
介護のために仕事を休むとき、介護休業給付金が受給できる。</td></tr>
</table>

※労使折半とは、社会保険料を、企業などの事業主と、労働者が半分ずつ負担すること。

LESSON 30

医療保険（健康保険制度）

公的な医療保険には、大きく分けると、会社員や公務員などが加入する「健康保険制度（健康保険組合や協会けんぽなど）」と、自営業やフリーランスの人などが加入する「国民健康保険制度」の2種類があります。「国民皆保険《こくみんかいほけん》制度」とも言われ、日本国民全員がいずれかのしくみの保険に加入します。毎月「保険料」を支払うことで医療保障を受けることができます。会社に勤めている場合は、雇用主と従業員が半分ずつ保険料を負担します（労使折半《ろうしせっぱん》）。従業員が負担する「保険料」は、お給料から毎月強制的に「健康保険料」として差し引かれます。

病院に行ったときに「健康保険証を見せていただけますか？」と聞かれますよね。この「健康保険証」は公的医療保険に加入しているという証明になり、実際にかかった医療費の3割（小学校就学後〜70歳未満の場合）だけ、支払うことで治療や投薬を受けることができます。

たとえば、実際の治療費が1万円だったとしても、窓口で3000円だけ支払えばよいということになります。「保険」は助け合いのしくみですので、残りの7000円は加入している「医療保険制度」が負担してくれます。その他にも、医療費が高額になって、1カ月に支払う自己負担の金額が一定額を超えると給付が受けられる「高額療養費《こうがくりょうようひ》」や、入院した時の食事代をサポートしてくれる「入院時食事療養費」、子どもを出産したときにもらえる「出産育児一時金（原則1児につき42万円（2023年4月より50万円に増額予定）」や亡く

健康保険

保険給付	給付の内容
療養の給付	必要な治療が受けられる。(原則として自己負担3割)
傷病手当金	業務外のケガや病気で賃金を受けられない場合、休業4日目から概ね休業前の賃金の67%相当額を支給。
出産手当金	産前産後の休暇（原則として産前42週産後56週）中に賃金を受けられない場合、その間、休業前の賃金概ね67%相当額を支給。
高額療養費	1か月の医療費が高額となったとき、一定の自己負担限度額（収入によって異なる）を超えた額が支給される。

健康保険証を提示することで健康保険の給付を受けることができます

なった時の「埋葬料《まいそうりょう》」の給付もあります。

会社員などが加入する「健康保険制度」の場合は、病気などで療養していて仕事ができないとき、最長1年6カ月の間、お給料（標準報酬月額《ひょうじゅんほうしゅうげつがく》）の3分の2程度の「傷病手当金」をもらうこともできます。

みんなで少しずつ「保険料」を出し合って、病気やケガになった人を助ける「公的医療保険」、とても心強い制度ですね。ただし、「保険料」を払わないと、「健康保険証」がもらえないし、保障を受けることができません。社会人になったらしっかり払うようにしましょう（学生などで保護者の扶養に入っている場合、保険料の負担はありませんが、同じ保障を受けることができます）。

健康保険証

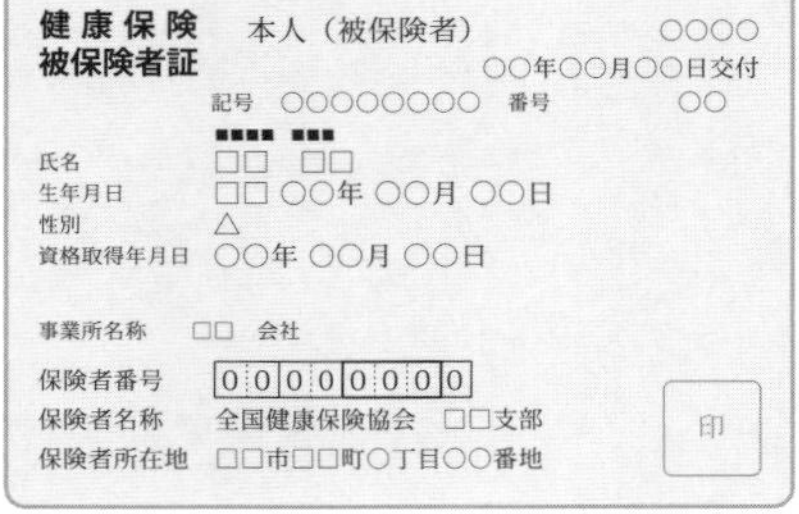

LESSON 31

介護保険制度

高齢化が進む中、介護サービスを受けやすくするために2000年に始まった新しい制度です。

介護が必要だと認定されたら、支給限度額の範囲内であれば、原則1割（所得の高い人は2～3割）の自己負担額で、訪問介護や老人ホームでの介護サービスを受けることができます。高齢（65歳以上）の介護が必要な人が利用することが多いですが、40歳以上65歳未満の人でも特定の疾病で介護が必要になった場合は、利用することができます。

こちらも、「助け合いの保険制度」ですので、健康保険制度と同じように保険料を支払う必要があります（労使折半）。介護保険には40歳から加入するので、保険料の支払いも40歳からはじまります。

LESSON 32

公的年金制度

「年金って知ってますか？」と学生さんに質問すると「年をとったときにもらえるお金でしょ」という答えが返ってくることが多いです。確かに、高齢になったときに国からもらえる「老齢年金」というしくみが最も一般的ですが、その他に「障害年金」「遺族年金」というものもあります。

①「老齢年金」……高齢になった時に受給できる
②「障害年金」……障がい者になったときに受給できる
③「遺族年金」……働き手が亡くなったときに残された家族が受給できる

この「老齢」「障害」「遺族」の支払事由のほかに、ちょっと複雑ですが、もう1つの制度区分として「国民年金」「厚生年金」という分け方もあります。ちょっと言葉ではわかりにくいので、次の「家のイラスト」ご覧ください。年金は2階建て構造になっています。図の1階部分の「国民年金」は、日本に住む20歳から60歳までの国民全員が、加入することを義務付けられている制度です。一方、2階部分の「厚生年金」は、会社員や公務員などの雇用される働き方をしている人が、国民年金に上乗せして加入する制度です。そして、それぞれに「老齢」「障害」「遺族」年金があります。

まず、1階部分の国民年金について説明します。毎月支払う国民年金の保険料は、月額1万6520円（令和5年度）です。保険料は毎年、物価や賃金の伸びに合わせて調整されますので若干変動します。この保険料を20歳から60歳までの40年間（480カ月）納めると「老齢基礎年金」を最大月額6万6250円（令和5年度 満額）を受け取ることができます。もらえる年金額も物価や経済状況などに応じて毎年見直しされます。保険料を払うのは、国民の義務ではありますが、もし、払っていない期間があれば、払わなかった

「国民年金」「厚生年金」

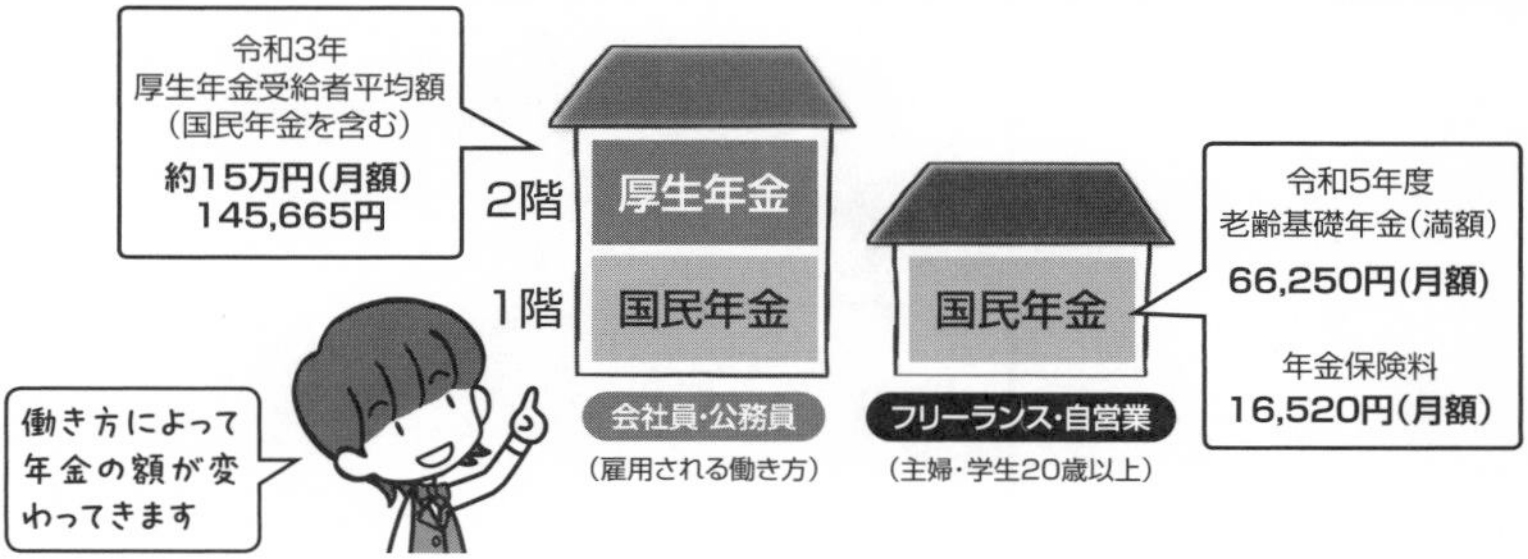

期間の割合に応じて受給できる年金額が減らされます。年金を受給できる資格を得るためには、最低10年間は加入しなければならないというルールもあります。

高齢で働けなくなった時、毎月6万6000円程度で暮らしていけそうですか？なかなか厳しそうですよね。自営業の方など1階部分の年金しかもらえないことがわかっている場合は、足りない部分を働ける間にしっかり貯めておく必要がありそうです。

次に、雇用される人が加入する「厚生年金」の受給額をみてみましょう。会社員や公務員の人は、1階部分の「国民年金」に上乗せして、2階建ての年金がもらえるので、自営業の人と比べると年金額が多くなります。

今の厚生年金受給者の平均額はおおよそ月額15万円程度（1、2階部分の合計）なので、国民年金受給者

国民年金と厚生年金の給付内容

	国民年金（1階部分）	厚生年金（2階部分）	給付内容
老齢年金	老齢基礎年金	老齢厚生年金	原則65歳から一生涯もらえる年金 繰り上げて60歳からもらったり、75歳まで受給時期を遅らせる（繰り下げる）こともできます。
障害年金	障害基礎年金	障害厚生年金	病気やけがで所定の障害状態になったときに受給できる年金（20歳以上）
遺族年金	遺族基礎年金	遺族厚生年金	家族の働き手が亡くなったときに、18歳未満の子どもなど、保険に加入していた人によって生計を維持されていた遺族が受給する年金

と比べると、かなり手厚いことがわかります。男女で比べてみるとどうでしょう? 年金をもらっている人の厚生年金受給者平均月額(令和3年)は、14万5665円で、65歳以上の男性は16万9006円、女性は10万9261円となっています。「えー、男性の方が多いの? 不公平じゃない?」という声が聞こえてきそうです。厚生年金は加入期間と納めた保険料額に応じて年金額が決まります。つまり、収入の多い人、厚生年金加入期間の長い人のほうが、保険料をたくさん払うことになるので、受給できる年金額が多くなります。

現在、年金をもらっている高齢男性は、女性と比べて雇用されて働いてきた期間が長い人が多いので、女性よりも平均の年金額が多くなっているのです。みなさんが年金をもらい始めるのはずいぶん先ですね。年金額がいくらになるかは、現時点ではわかりませんが、男女関係なく働き続ける時代になりつつあるので、男女差は小さくなっていくと思います。

「老齢年金」については、老後の積立貯蓄のようなイメージを持っている人も多いようですが「年金」は「保険制度」です。「公的医療保険」などと同じで、みんなで「保険料」を出し合って助け合うしくみです。

では、どんな風に助け合っているのか例を挙げて説明をします。

【Aさんの場合】
保険料支払い期間　：20歳から60歳まで40年間
納めた年金保険料　：ざっくり800万円程度
（16520円×12カ月×40年間（概算））
亡くなった年齢　：64歳（年金受給開始年齢の直前）
老齢基礎年金受給額：0円（前倒しでもらう繰上げ受給を選択していない場合）
※遺族がいる場合は、要件を満たせば遺族年金を受給できます。

【Bさんの場合】
保険料支払い期間　：20歳から60歳まで40年間
納めた年金保険料　：ざっくり800万円程度
（16520円×12カ月×40年間（概算））
亡くなった年齢　：100歳（受給期間35年）
老齢基礎年金受給額：約2770万円（月額約6・6万円×12カ月×35年間（概算））

※納めた年金保険料、受け取る老齢基礎年金受給額は、令和5年の概算数値で試算。
税金やその他の加算額などは考慮していません。

Aさんも Bさんも「国民年金」にのみ、40年間加入していたと想定し、納めた国民年金保険料の総額は同じです。しかし、Aさんは年金をもらう前に亡くなってしまったので1円も年金をもらっていません。一方、100歳まで長生きしたBさんは、今の国民年金の受給額で計算すると、2770万円も受け取ることができるのです。この話をすると、「不公平じゃない？」「長生きしないと損！」などと、びっくりする学生さんが多いのですが、老齢年金は長生きのリスクに備えるための「助け合いの制度」です。つまり、「結果的に早く亡くなってしまった人も、長生きできた人も、それぞれがお金を出し合って一緒に支え合っていくしくみ」と考えると納得できるでしょうか？

㊎学生納付特例制度

国民年金保険料を払うのは20歳以上の日本国民の義務だとお話しました。もし、今読んでくださっている人の中に、20歳を過ぎている学生の方がいらっしゃったら、お伺いします。「国民年金保険料を払っていますか？」

該当する大学2～3年生のみなさんに質問すると、だいたいこんな答えが返ってます。

「学生だから免除してもらっていて、払っていません」または「きちんと納めていきます」その他に「親に任せちゃっていて、よくわかりません…」こんな声もあります。

「学生納付特例制度」とは、「学生の間は20歳を超えていても、手続きをすれば国民年金保険料を払わなくてもいいですよ」という制度です。国民年金保険料は、月額1万6520円（令和5年度）ですが、まだ収入が無い学生さんにとっては負担が大きいですよね。「免除してもらっている」と答えた人は、この制度の手続きをされたのだと思います。

将来もらう年金は、払った保険料に応じて計算されます。この特例を使って国民年金保険料を払っていなかった場合は、大学などを卒業後、追納（後から追って納める）することができます。免除されていた期間の保険料を追納し、40年間分の保険料をしっかり納めることができれば、将来満額の年金を受け取ることができます。追納はさかのぼって10年以内ならできますが、3年度目以降は経過期間に応じて加算額が上乗せされる、つまり余分に払うことになります。できれば「卒業後3年以内に追納する」と覚えておいてくださいね。

¥ 障害年金がもらえない！

とても大事な話をします。20歳を過ぎているけれど「収入が無いので、国民年金保険料を払ってない！」と答えた方にもう一度、お伺いします。「学生納付特例制度」の手続きをちゃんとしましたか？「わからない」「親に任せている」という人は、すぐに確認してください。

「年金保険料を払っていない、手続きもしていない、ただほったらかしている…」そんな人が万が一事故にあって障がい者になってしまったら…。重度の障害が残ってしまったとしても「障害年金」をもらうことができません。一方「学生納付特例制度」の手続きをしている人は、若い人であっても障害認定の要件を満たすと「障害年金」を受給することができます。

国民年金の保険料を払えない場合「手続きをしたか？」「しなかったか？」で、今後の人生が大きく変わってくる可能性があります。20歳になって国民年金の案内が届いたらすぐに「学生納付特例制度の手続きをする」または「年金保険料を払う」必ずどちらかを選択してください。

「賦課《ふか》方式」ってどういう意味？

日本の年金制度は「賦課方式」というしくみを採用しています。難しい言葉ですね。ただ、この年金のしくみはみなさんの将来にとってとても関係があることなので、しっかり理解してくださいね。

「賦課方式」とは「現役世代から年金受給世代への仕送りに近いイメージ」と厚生労働省のサイトでは説明されています。今働いている人たちは、お給料から毎月「年金保険料」を支払いますが、そのお金は自分たちが将来受け取るために国が貯めてくれているのではなく、今、年金を受給

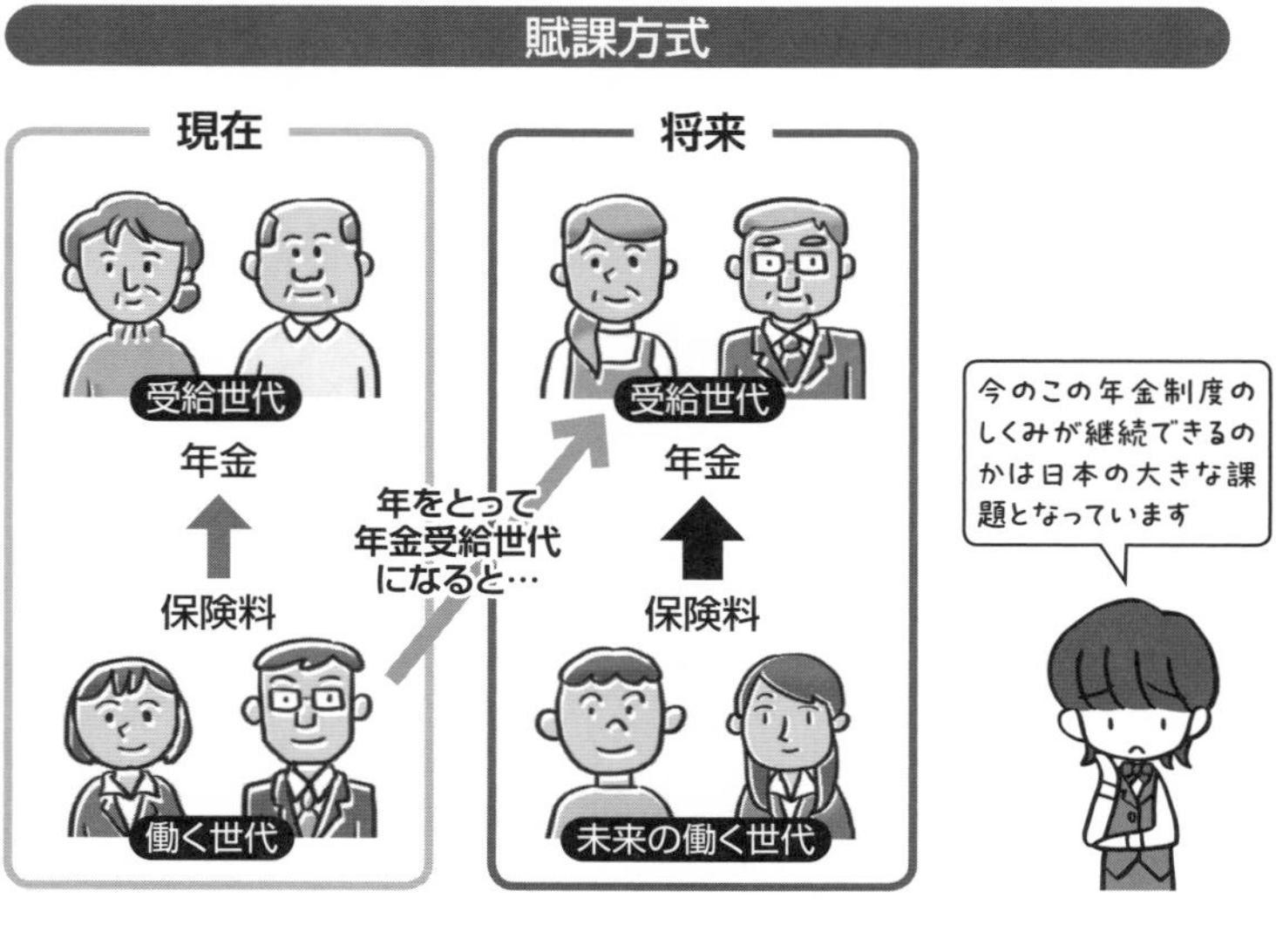

している高齢者に渡っているのです。つまり、みなさんが、高齢になって年金受給世代になったとき、現在の制度が変わっていなければ、未来の若い現役世代の人が支払った保険料から年金を受けとることになるのです。

どんどん人口が減っていく中で、「自分が高齢になった時、若い世代は保険料をちゃんと払ってくれるのだろうか？」現役世代の人や学生さんたちからも「将来、自分たちがちゃんと年金がもらえるのか心配」という声をよく聞きます。中には「年金なんてあてにならないから払いたくない」と言う人もいます。

確かに、日本は少子高齢化が加速していて、今後も高齢者がどんどん増えて、現役で働く人の割合が減っていくことがわかっています。「賦課方式」を採用している以上、「今のこの年金制度のしくみが継続できるのか？」と心配になってしまいますよね。これは、日本の年金制度が抱える大きな課題です。

1つだけ知っておいてほしいことがあります。「年金は、みなさんから集めた保険料だけでなく、半分は税金から支払われている」ということです。「保険料を払わない」「年金をもらわない」という選択をした場合、老後は、すべて自助努力で準備しないといけないことになります。そして、本来もらうことができるはずの税金部分（税金はみなさんも払っていますよね）から支払われている年金額も放棄《ほうき》してしまうことになります。

残念ながら、今の段階で私から「日本の年金のしくみはこれからも絶対大丈夫」とか、「こうすればみなさんはしっかり安心できる年金がもらえるよ」といった解決策をお伝えすることはできません。

ただ、年金制度については、今の若い人たちが将来困らないように、国民が安心できるしくみを継続していくことができるように、少なくとも5年ごとに1度、専門家の人たちが年金の財政検証を行って、制度の見直しを行っています。若いみなさんが年金をもらうのは、ずいぶん先のことですので、少しずつしくみは変わっていく可能性があります。

大事なことは、みなさん自身が年金制度のことをしっかり理解して、自分で正しい選択ができるようになって欲しいということです。ぜひ、年金や社会保険のしくみに興味を持ってニュースや新聞などの情報をしっかりチェックする習慣を身につけてくださいいね。

LESSON 33

労働保険

社会保険の最後は、働くことに関する「保険」です。将来、または現在、アルバイトで働くときにも関係してくる制度なので、しっかり学びましょうね。

労働に関する保険は「労災保険《ろうさいほけん》」と「雇用保険《こようほけん》」の2種類があり、これらを総称して、「労働保険制度」と呼んでいます。それぞれ見ていきましょう。

労災保険

労災保険とは、業務中や通勤途中で事故にあった場合などに医療費の給付が受けられる保険制度です。正しい名称は「労働者災害補償保険」で、ケガや病気の治療のための給付は「療養補償給付」と言います。その他にも「休業補償給付」や、亡くなった場合の「葬祭料」などもあります。

高校生や大学生のアルバイト経験がある人に、「労災保険について聞いたことがありますか?」と質問すると「知らないです」とか、「アルバイトは関係ないと思っていました」といった答えが返ってくることがあります。「労災保険」はアルバイトも含めたすべての労働者が対象になります。雇用主（事業主）は、全従業員のために加入する義務があり、保険料は雇用主（事業主）がすべて支払います。ですので、アルバイトなどの従業員は、保険料を負担する必要はありませんが、ちゃんと保険には加入しているはずです。

では、どんな時に「労災保険」から給付を受けることができるのでしょうか？

例えば、次の場合などは、労災保険の給付対象になります。

- 飲食店でのアルバイトで火傷をして病院で治療を受けた
- 自宅から勤務先に行く途中、事故に巻き込まれて大ケガをした
- 通勤中や業務中の事故で、障害が残った、死亡してしまった

病院に行って労災保険を適用しない場合の治療費は自己負担になりますが、労災保険の対象と認められると「労災保険」から治療費を払ってもらうことができます。労災指定病院以外の病院で療養を受けた場合は、いったん立て替えて、後から請求の手続きをします。

飲食店などでアルバイトをしている学生さんなどに聞いてみると、「調理中に火傷をした経験がある人」は多いです。一方で「店長や先輩などに相談し、治療の際に労災を使った、または、労災のしくみについて説明を受けたことがある」という人はとても少ない印象です。

労災保険制度は、アルバイトを含めた雇用されて就労するすべての人のための保険で、みんなが使う権利を持っています。業務中にケガをしたりした場合は、必ず上司の人や先輩に相談するようにしてくださいね。

雇用保険

雇用保険とは、働く人たちの生活や雇用の安定、就職の促進を目的とした保険制度です。例えば、働きたい意思があるのに失業したり、会社が倒産してしまって職を失った場合にもらえる「失業給付」や、スキルアップのために職業訓練を受けるための給付金もあります。その他に、育児や介護が目的で休職するときに受給できる「育児休業給付金」や「介護休業給付金」も雇用保険の制度です。

「育児休業給付金」の支給期間は、原則子どもが1歳になるまでですが、所定の条件を満たせば、最長2歳（2歳に達する日の前日）まで延長できます。休業開始日から180日間は賃金日額の約3分の2、それ以降は賃金日額の2分の1の金額を受給できます。

例えば、お給料が月額20万円程度の人の場合、約半年間は月額13・4万円程度、それ以降は10万円程度、最長で2年間、給付を受けることができます。仕事をお休みしている間もこれだけの金額がもらえるなんてとてもありがたいですね。

育児休業というと、女性だけに関係があるものと思っている人が多いですが、実は男性も育児休業を取ることができます。そして、子どもの年齢や期間などの支給要件を満たした場合、男性も「育児休業給付金」を受け取ることができます。

政府は男性の育休取得率を2025年までに30％にするという目標を掲《かか》げています。しかし、現状はまだ約14％（2021年度）で、男性100人のうち14人程度しか育児休業を取得できていません。男女とも柔軟に育休を取って、就労を続けながら、より楽しく育児できる環境が整っていくといいですね。

LESSON 34

民間の保険制度

「民間の保険（私的保険）」は「社会保険（公的保険）」で足りない部分を補う目的で加入します。みんなで少しずつ保険料を払ってリスクに備えるための「助け合い」という意味では「社会保険」と同じです。「社会保険」が国民に義務付けられている「強制保険」であるのに対し、「民間の保険」は、死亡、病気やケガ、災害などに備えて、自由に選んで加入することができます。

リスクに備えてお金を準備する方法として「貯蓄は三角、保険は四角」という考え方があります。貯蓄の場合、少しずつ積み立ててもすぐに大きなまとまったお金をつくることができませんが、

貯蓄と保険制度

保険の場合
保険金額
少ない保険料ではじめから
大きな保障が得られる
貯蓄の場合
貯蓄額
少しずつ
積み立てる

時のために備えて

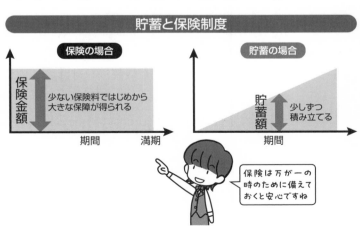

保険の場合、少ない保険料で、すぐに大きな保障を得ることができます。

例えば、小さい子どもがいる家族の場合、家計を支える親に万が一のことがあったら、そのあとの生活費や教育費などが足りなくなる可能性があります。貯蓄だと、それまで貯めてきたお金しか残りませんが、「生命保険」に加入して、保険料を払い始めるとすぐに大きな保障を得ることができます。定期保険の場合は、契約期間が終わると保障はなくなり、支払った保険料は戻ってきません。しかし、契約期間中に万が一のことがあった場合は、遺された家族は大きな保険金を手にすることができ、その後の生活費や教育費として使うことができます。何も起こらないことがいちばん良いのですが、万が一の時のために備えておくと安心ですね。

定期保険と終身保険

保険は「保障が継続する期間」の違いで大きく2種類に分けることができます。「定期保険」と「終身保険」です。先ほど「貯蓄は三角、保険は四角」という話をしましたが、契約期間のみ保障が続く四角の保険は「定期保険」にあたります。電車通学の方は「定期券」を利用したことがあるのではないでしょうか？　定期券は「3カ月」「6カ月」

など使用できる期間が決まっていて、期間が終了すると使えなくなりますよね。それと同じで「定期保険」の場合は「10年間」「60歳まで」など、加入する時に保障を受けたい期間を設定して契約します。契約期間が終わると保険金は1円も受け取ることができなくなるため「貯蓄性は無い、（保険料は）掛《か》け捨《す》て」の保険に該当します。一方で、終身保険はいったん加入すると中途解約しない限り一生涯保障が続きます。死亡保障が「100万円」という終身保険に加入した場合、いつか必ず100万円もらえることが約束されているため「貯蓄性」がある保険ということになります。

同じ保障金額の保険の場合「定期保険」と「終身保険」の保険料を比べると、いつか必ず保険金を受け取ることができる「終身保険」の方が保険料は高くなります。

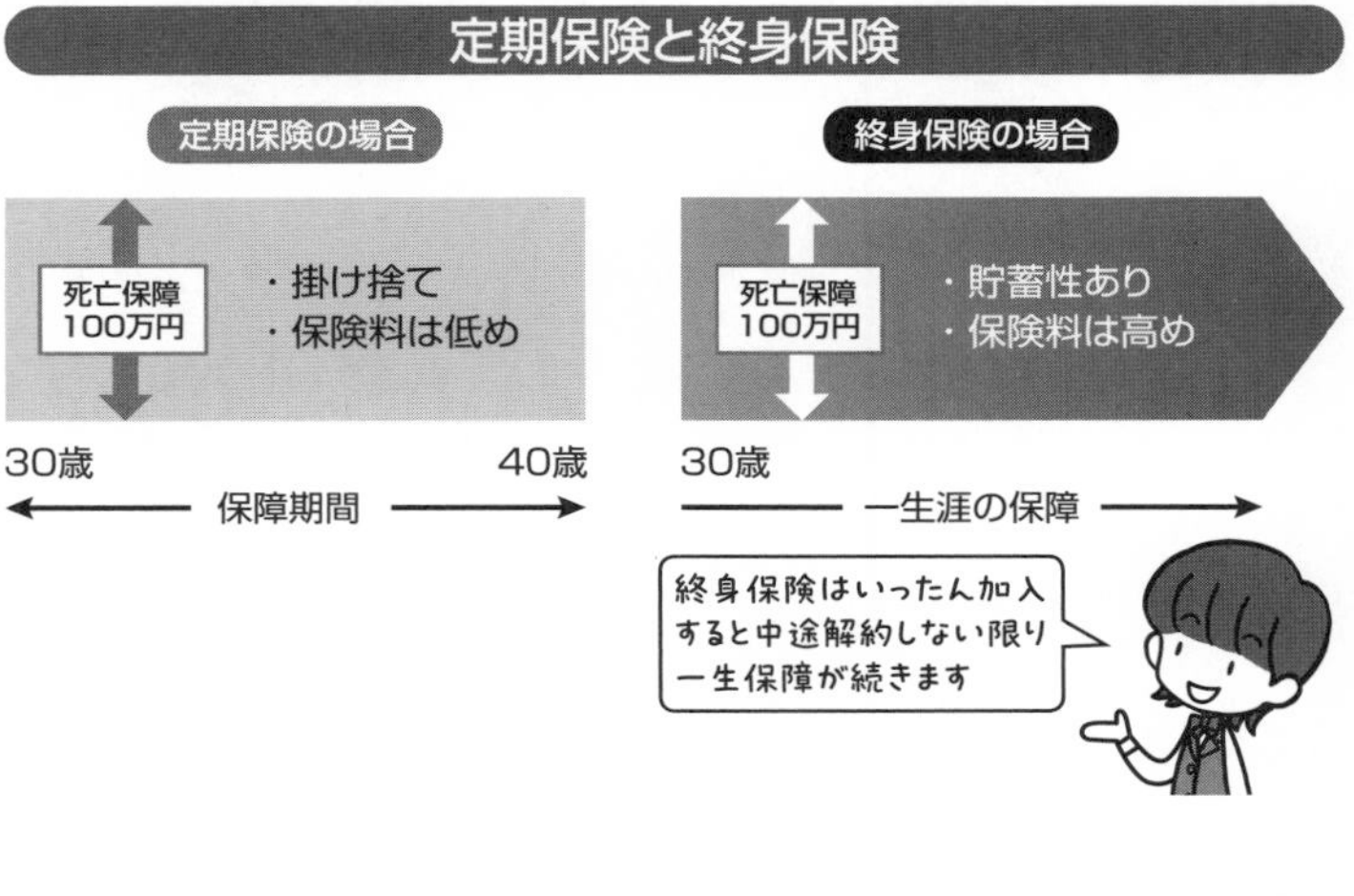

生命保険と損害保険

万が一のこと(亡くなってしまった場合など)があったときに保障してくれる「○○生命保険」や、ガンになったときに備える「○○ガン保険」、自動車で事故にあったときにも安心のサポートが受けられる「○○自動車保険」などというCMを見たことがありますよね。

これらは、すべて民間の保険です。保険会社によって内容やサービスはさまざまですが、分類すると下記のようになります。

「民間の保険」は大きく分けて、人の生死や病気などのリスクに備

生命保険と損害保険

	保険の対象	保険の種類
生命保険	ヒト保険	生命保険(死亡に備える　亡くなったら○千万円の生命保険金など)
		医療保険(病気の治療費や入院や手術に対する給付金)
		ガン保険(ガンの治療費や手術、入院、通院に対する給付金)
		年金保険(長生きのリスクに備える　個人年金保険)など
損害保険	モノ保険 ヒト保険 (偶然起きた事故や災害に備える保険)	火災保険(火事や水害などに備える)
		自動車保険(事故で人や車、モノに損害を与えるリスクに備える)
		個人賠償責任保険(他人にケガをさせたり、他人の物を壊してしまったりなど、賠償責任を負うリスクに備える)
		旅行保険(旅行先でのケガや病気、盗難などの事故に備える)

える「生命保険」と、火事や地震、事故などの災害に備える「損害保険」に分けることができます。

入っておきたい「個人《こじん》賠償《ばいしょう》責任《せきにん》保険《ほけん》」

若いみなさんに特に知っておいてほしい保険が「個人賠償責任保険」です。これは、「個人」が日常生活の中での事故によって、「賠償（他人に与えた損害を償う）」「責任」を負ってしまった場合に備える保険です。誰しもが、不注意で人をケガさせてしまったり、食器屋さんのガラス製品を落として割ってしまうなど、他人の物を壊してしまう可能性はありますよね。このような、法律上の損害賠償責任を負ってしまった場合に、保険金を受け取ることができます。1つの契約で同居の家族全員※が補償を受けることができます。（※同一生計など、家族の範囲に条件があります。）

実際に、高校生が自転車に乗っていて高齢者に衝突し、後遺症が残るような大ケガをさせてしまい、裁判所から9000万円以上の高額な「損害賠償金」の支払い判決を受けた例もあります。普段から気をつけるのが1番大事ですが、保険で備えておくことで少し安心が得られそうですね。

コラム

「保険」って、いつ始まったの?

「保険」という考え方を日本で初めて紹介したのは、1万円札でおなじみの「福沢諭吉」さんだそうです。慶応3年、西洋ではすでにあった「保険の考え方」を「西洋旅案内」という著書で紹介したことがきっかけで、日本でも広まったと言われています。その後、明治14年に、日本発の保険会社「明治生命(現在は合併して明治安田生命相互会社)」が誕生しました。

生命保険会社は、一般的な「株式会社」と違って「○○相互会社」という名前の会社が多いのは知っていますか?「保険とは、契約者同士が助け合って成り立つ相互扶助のしくみ」そんな理念から「相互会社」は保険会社のみに認められている組織形態となっています。

大切な家族が亡くなったり、災害にあって家が壊れてしまったり、病気になって高額な医療費が必要になったり、自分ひとりの力ではどうしようもできないことが、誰にだって起こる可能性があります。そんな時、「助け合いのしくみである保険」のおかげで、救われたり、その後の人生が好転することもあるでしょう。

みなさんが一生涯、安心できる暮らしができるように、「保険」に関する理解を深め、上手に活用できるようになってくださいね。

第8章

お金を貯める・増やす

LESSON 35

貯蓄と投資

大学や高校で「お金の授業」を始める前に「みなさんは〝お金〟についてどんなことが学びたいですか?」とたずねると「お金を増やす方法」「投資について学びたい」という声が最も多いように思います。

「お金」は生きていくためにも、やりたいことをするためにも絶対必要なもの。たくさん貯めたいし、できるならば増やしたいですよね。といっても、宝くじでも当たらない限り、突然大きなお金が舞い込んでくることはないですし、ギャンブルでは短期間で確実にお金を増やすことはできません。お金持ちに見える人たちも、働いてコツコツ貯めて、しっかり投資の方法を学んで資産運用をして増やしている人がほとんどです。

ここでは、若いみなさんが、長期的な視点で「コツコツお金を貯める」、そして「お金に働いてもらって増やす方法」についてお話しします。

ところで「貯蓄《ちょちく》」と「投資《とうし》」の違いはわかりますか？　「貯蓄」は聞き慣れた言葉ですよね。個人の家計における「貯蓄」とは「将来に備えて金銭を蓄えること」です。漢字を分解すると、貯（貯める）、蓄（蓄える）です。おこづかいやお年玉を貯めたことがあるという人もいらっしゃるのではないでしょうか？

貯金箱やタンス預金でお金を貯める方法もありますが、多くの人は銀行や郵便局（ゆうちょ銀行）に預けたり、貯蓄型の保険商品を活用してお金を貯めます。「貯蓄」の特徴は「安全、確実に貯めることができる」点です。銀行だと「普通預金」や「定期預金」、ゆうちょ銀行だと「普通貯金」や「定額貯金」が代表的ですね。

一方で「投資」は「リスクをとって、積極的に増やすことを重視すること」です。こちらも漢字を分解すると、「投＝投じる」「資＝お金、資本」で、「将来的に利益を得るためにお金を投じる」という意味になります。貯蓄のように「元本の保証（はじめにあった金額から減らないという保証）」は無いですが、元本よりお金が減ったり、最悪は無くなったりする「リスク」を受け入れることで、貯蓄よりも高いリターンを期待することができるのです。

投資対象はいろいろありますが、代表的なものでは、「株式や投資信託、不動産、金《きん》」

などがあります。ここで「リスク」という言葉が出てきましたね。英語だと、「risk」で「危険とか脅威」といった意味があります。ちょっと怖い響きですね。ただ、金融における「リスク」は少し意味が違います。投資する際の「リスク」は、価格の「ブレ幅」のことを意味します。この「ブレ幅」をどこまで受け入れられるかが、その人の「リスク許容度《きょようど》」になります。投資をするとき、まずは、自分の「リスク許容度」を考えた上で投資先を選びます。

では、あなたのリスク許容度はどれくらいでしょうか？　下記の質問を読んで、考えてみてください。

あなたのリスク許容度はどれくらい?

今、すぐに使う予定が無い1万円のお金があります。将来のために投資をするとしたら、A～Dのどの商品を選びますか?

A. 1年以内に、2万円まで増えるかもしれないけれど、0円に減ってしまう可能性がある商品。

B. 1年以内に、1万5000円まで増えるかもしれないけれど、5000円に減ってしまう可能性がある商品。

C. 1年以内に、1万1000円まで増えるかもしれないけれど、9000円に減ってしまう可能性がある商品。

D. 1円も増えないし1円も減らない元本保証型の商品（投資はしないで貯蓄する）。

あなたはどれを選びましたか？　この問いに、正解、不正解はありません。リスク許容度はその人の考え方や価値観、どれくらいお金があるかによっても違います。選択肢に入れませんでしたが、「500円の増減ならば大丈夫」という人もいるかもしれませんね。

ここでのポイントは「リターンは大きいけれど、リスクは少ない」、つまり「元本の1万円が、2万円に増えるかもしれないけれど、絶対9900円以下になることはない」そんな、都合の良い商品は存在しないということです。もし、そういう金融商品の購入を勧められたら「詐欺《さぎ》」の可能性が高いですので、気をつけましょう。

「預金」と「貯金」

銀行に預ける場合は「預金《よきん》」、ゆうちょ銀行やJA（農業協同組合）に預ける場合は「貯金《ちょきん》」と言います。郵便貯金は明治時代、庶民が「お金を貯める」ことができるように、国（当時の大蔵省）が始めた制度です。一方で、銀行は、商人や企業などがお金を預けるために利用することが多かったようです。預金として「預けられたお金」は、現在の銀行と同じように融資として貸し出されていました。

LESSON 36

コツコツ貯蓄を始めよう

まずは、コツコツ貯蓄をする方法を学んでいきましょう。そもそも、なぜ「貯蓄」が必要なのでしょうか？「買いたいゲームがあるけれど、1回のおこづかいでは足りないので、少しずつ貯めてお年玉と合わせて買う」など、欲しいものを手に入れるために「貯蓄」をする人もいるでしょう。将来、大きな買い物をする場合、特に「マイホーム」や「車」などを買う目的のために、お金を貯めることも大事です。また、子どもが大学に進学する際も大きなお金がかかりますし、災害や病気など、万が一の可能性に備えてお金を用意しておく必要もあります。

「貯蓄」は「将来に備えて金銭を蓄える」という意味です。第1章で「お金の3つの役割」について学んだのを覚えていますか？　その1つに、モノの価値を保存できる「貯蔵手段」という役割がありました。「お金」というツールを使って貯蓄ができることで、今もこれからも安心して暮らしていくことができるのです。上手に貯蓄するために、「先取り貯蓄」と「逆算積み立て貯蓄」というおすすめ方法をご紹介します。

アルバイトをしている人は、すぐに実践してみてください。定期的におこづかいをもらっている人は少額からでもチャレンジできますよ。

先取り貯蓄

先取り貯蓄とは「貯めると決めた金額を、確実に貯蓄する方法」です。例えば、毎月のおこづかいが３０００円の場合、毎月3分の1の１０００円は「貯めるお金」と決めてしまいます（割合は可能な範囲で自分で決めてくださいね）。はじめから「私のおこづかいは２０００円」と思うことにして、もらった日に１０００円は貯蓄用に分けるようにします。貯蓄用の封筒や箱など、大切に保管する場所を決めましょう。「おこづかいを使いたいだけ使って余ったら貯蓄しよう」では、なかなかお金は貯まりません。「まずは、貯めるお金を分ける」これさえ実践できれば、残ったお金を自由に使ったとしても、確実にお金は貯まります。

銀行などに口座を持っている人は、毎月おこづかいをもらったら

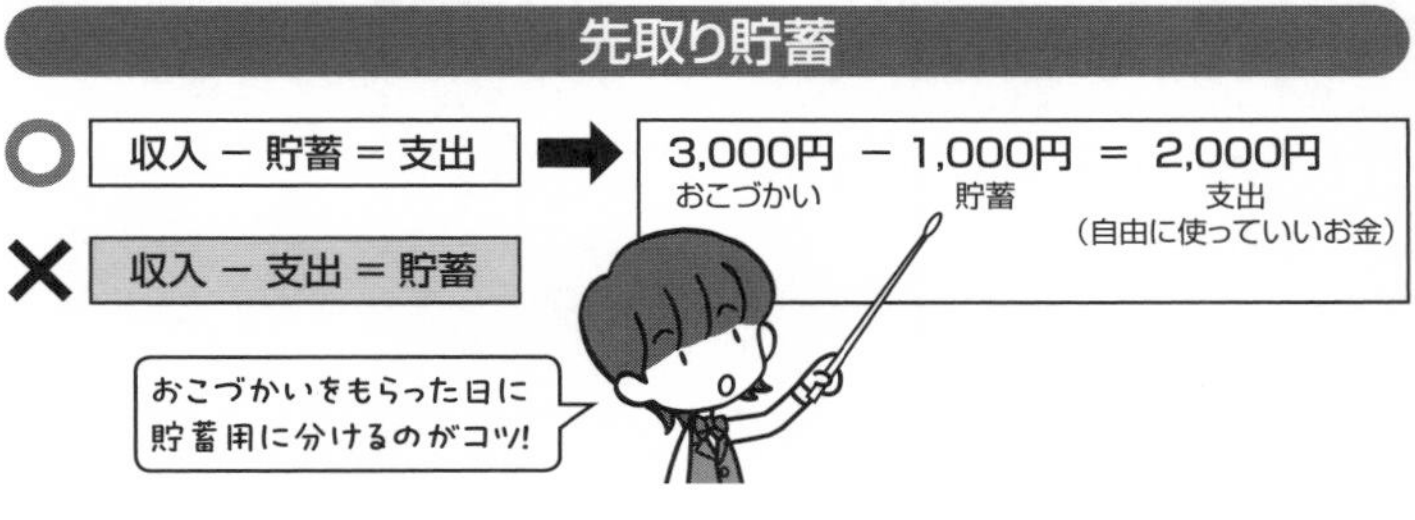

すぐに、コンビニエンスストアや銀行に設置されているＡＴＭ（現金自動預払機）で自分の預金口座に預けるようにすると使いすぎずにすみますね。

逆算積み立て貯蓄

逆算積み立て貯蓄とは「貯めたいお金を逆算して積み立てる方法」です。「どうしても欲しい1万円のゲームがあって10カ月後には手に入れる」と心に決めたら、1万円を10カ月で割り算をします。毎月１０００円ずつ貯めたら、10カ月後に欲しいゲームを入手することができます。「ゲームを買うための貯金箱」を作って、毎月入れるようにするといいですね。とてもシンプルな方法ですが、コツコツと取り組めば、確実に貯めることができます。少し高価なものが欲しいときや「〇年後にいくら貯めたい」という目標ができたら、まずは、「割り算」をする習慣をつけましょう。漠然と「〇円あったらいいな」と思っているだけではお金は貯まりませんよ。

逆算積み立て貯蓄

10,000円	÷	10カ月	=	1,000円
目標金額		期間		毎月の貯蓄額

目標ができたら、「割り算」をする習慣をつけましょう!

¥ 元本が保証されている金融商品

貯金箱を使ったり、机の引き出しにしまうなど、自分で管理してお金を貯める方法もありますが、銀行で口座を作って貯めることもできます。金融機関にもよりますが、未成年の場合は、本人確認書類の提示や印鑑の他、保護者の同伴が必要なケースが多いです。手続き方法については口座を作りたい金融機関に確認してください。ここでは、銀行が扱う、代表的な金融商品について見てみましょう。

金融商品には「安全性」「流動性《りゅうどうせい》」「収益性《しゅうえきせい》」という、3つの特性があります。どれを大事にしたいかで、選ぶ商品が変わってきます。

●安全性……元本が保証されている（お金が減ったり無くなったりすることはない）

預金の種類

種類	できること
普通預金	自由に預け入れ、払い戻しができる預金口座。家賃などの自動支払い、給与などの自動受け取りができる。
定期預金	1年、3年後など、預け入れ期間を決めて満期日まで原則、引出しができない預金。普通預金よりも金利が高いのがメリット。
総合口座	普通預金と定期預金などを組み合わせた口座。「ためる」「ふやす」「受け取る」「支払う」「借りる」といった機能がセットになっている。
積立定期預金	毎月、決まった日に預金の積み立てをして、目標額を目指す定期預金。進学、旅行、住宅購入資金など目標額を設定して貯蓄できる。

※出典：一般社団法人　全国銀行協会の資料をもとに筆者が作成。

働いてお給料をもらったら、まず「積立定期預金」を始めましょう!

●流動性……お金が必要になった時に、すぐに現金に換えることができる
●収益性……お金を増やすことができる

銀行預金は全て、元本保証がありますので「安全性」を満たした商品です。「普通預金」は、自由に預けたり払い戻したりができるので「流動性」も満たしています。一方、「定期預金」は、期間が決まっていて満期日まで原則引き出しができないので「流動性」は低い商品です。ただ「定期預金」は「普通預金」よりも少し金利が高く設定されているので「収益性」という意味ではメリットがあります。

「先取り貯蓄」「逆算積み立て貯蓄」をする際に、とても便利なのが、銀行の「積立定期預金」です。「毎月決まった日に○円積立する」と設定しておくことで、自動的にお金が貯まるしくみです。将来働いてお給料をもらうようになったら、まず「積立定期預金」を始めてみましょう。

元本が減らない「安全性」、いつでも現金に換えられる「流動性」、お金が増える「収益性」3つの特性を全て満たした商品があればいいのですが、残念ながら3拍子そろった商品は存在しません。「どの特性を優先したいか?」を考えて、選択するようにしましょう。

LESSON 37

お金に働いてもらって増やす「投資」

ここからは、積極的にお金を増やす「投資」がテーマです。大学生や高校生のみなさんに「投資って聞くとどう思いますか?」と聞くと、「お金が無くなりそう」とか、「ギャンブルする感じで怖い」といった、ネガティブなイメージの言葉が返ってくることも多いです。確かに、元本保証が無い商品で運用するので「絶対減らない(安全性)」という約束はありません。でも、投資について学んで、正しい運用方法と知識を身につければ、安定的にお金を増やしていくことは可能です。

お金を増やす方法は、「支出を減らす」「収入を増やす」「資産運用で増やす」の3つしかありません。「投資」は3つ目の「資産運用」に当てはまります。働いてお金を稼ぐだけでなく「お金にも働いてもらって、お金を増やす方法」を考えてみましょう。

では、何に投資をすればいいのでしょう? 代表的な投資対象として「株式」「債券」「投資信託」があります。そのほかにも「金《きん》」とか「不動産」など目に見える「モノ」に投資することもできます。また、日本国内だけでなく「ドルやユーロといった外国の通貨」や、「海外の金融商品」で運用する方法もあります。「やっぱり投資は難しそう…」という声が聞こえてきそうです。大丈夫ですよ、学生のみなさんが実際に投資をするのは少し先の話ですよね。ここでは、投資をする、しないに関わらず、学生のみなさんがお金の知識として知ってほしい「株式」「債券」「投資信託」について解説します。

株式とは

企業が事業を行っていくためのお金（資金）を集めるために発行するのが「株式（株券を含めた株主の権利の総称）」です。お金を集める手段はいろいろありますが、「株券（株主としての地位を証明するための有価証券）」とは、その会社を応援したいと思ってお金を出してくれた人（出資者）に対し、証明書として発行する、いわば「応援チケット」のようなものです。応援したい会社の株を買うと、その会社の「株主」になることができます。そして「株主」になるということは、実は、間接的にその会社の経営に参加していることになります。例えば「C＆R食品株式会社」という会社のお菓子が大好きで「もっと美味しいお菓子を作ってもらえるように応援したい！」と思ったら、その会社の株式を買ってみるとよいでしょう。「応援したい＝出資したい」と思う人が増えると、たくさんお金が集まるので、そのお金をもとに新たな事業にチャレンジしたり、より美味しいお菓子を開発したりすることができます。「C&R食品」のお菓子の評判が良くなって、みんなが「C&R食品の株式を買いたい！」と思うようになって人気が高まると「株価」は上昇します。逆に、その会社や商品に魅力を感じられなくなると「応援したい＝出資したい」人が減り、株価は下落しやすくなります。

株主は、業績が良くて利益が出ると「配当金」を受け取ることができます。応援してもらってうまくいったので、お礼として利益を分けてもらうイメージです。一方、業績が悪く利益が出ない（少ない）場合は「配当金」がもらえなくなることもあります。また、会社が破綻してしまったら株券はただの紙切れ（実際の株券は紙ではなく電子化されています）になってしまう可能性もあります。

株式

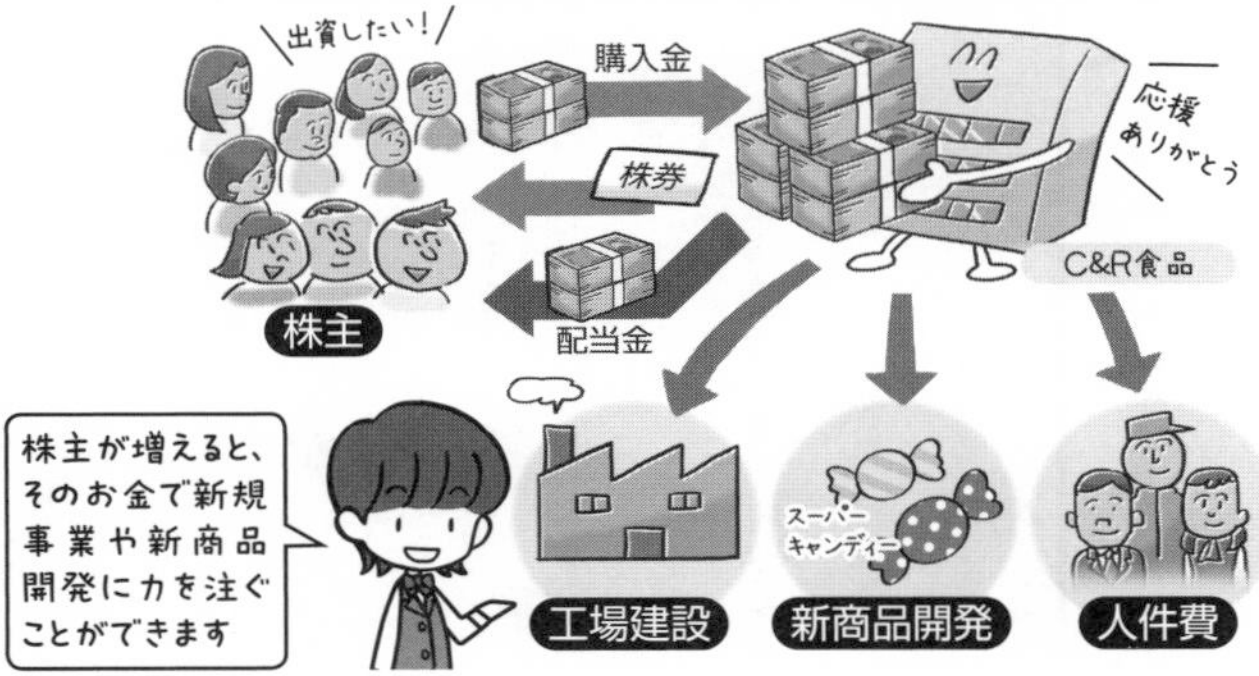

債券とは

「債券」とは、ひとことで言うと、「お金の借用証書」です。債券といっても、いろんな種類があります。たとえば、公民の授業などでも習う「日本国債」は、「日本の政府が資金を調達するために発行する借用証書」です。「日本国債」を保有するということは、日本という国にお金を貸していることになります。その他に、「地方自治体が発行する債券」また、「企業がお金を借りる場合は、社債」という債券を発行します。

「債券」を買うと、その発行体にお金を貸すことになりますので、貸主は手数料として「利息」を受取ることができます。また、借りた側は貸主に対して全額返済する義務がありますので、基本的に「債券」の元本は保証されています。債券の期限が来たら、債券保有者は元本にプラスして利息を受け取ることができます。ただし、発行している自治体や企業が破綻してしまった場合は、返してもらえない可能性があります。

企業が資金を調達する方法はいろいろありますが、「株式は、株主（経営参加権を有する）に出資してもらってお金を集めるためのもの」「社債（債券）は企業がお金を借りるために発行するもの」になります。違いを理解してくださいね。

投資信託《とうししんたく》ってどんなもの？

ちょっと難しいネーミングですね。こういう時は、漢字を分解してみます。「投資と信託」言い換えると「お金を投じて信じて託す」という意味になります。信じて託す相手は「投資のプロである専門の会社」です。投資家は、個別の株式や債券などを自分で選ぶ必要は無く、プロにお任せして運用してもらいます。株式と同様に元本保証はなく、「基準となる価格（基準価格）」は変動します。運用がうまくいっているときは「基準価格」が上昇し、良くないときは「基準価格」は下がります。定期的に分配金が支払われるものもあります。また、基準価格が低いときに買って、高い時に売ると、差額分を収益として受け取ることができます。

投資先は、国内や海外、海外の中でも先進国や新興国《しんこうこく》の株式や債券、不動産などと幅広く、これらを少しずつ組合わせた商品などもあり、内容は運用会社によってさまざまです。わかりやすく例えると、投資信託は「幕の内弁当」のようなイメージです。バランス良く投資ができるので、何に投資をしたらよいのかがわからない初心者には「投資信託」がお勧めです。ただ、幕の内弁当にも、「洋風・和風・中華風」など、いろんな味があるのと同じで「投資信託」の中身もさまざまです。内容をしっかり確認すること、また、プロにお任せするため手数料がかかる点も覚えておきましょう。手数料は商品によって違うので、できるだけコストが低いものを選ぶのもポイントです。

投資の基本

「投資って、元本が保証されていないからやっぱり怖い…」大人の人と話していても、そう感じている人は多いです。投資における「リスク」は、「値段のブレ幅」である、とお話しましたね。値動きのある商品の「ブレ幅」を小さくするための「基本の投資方法」を2つお伝えします。

●分散投資

「卵は1つのかごに盛るな」という格言があります。たくさんの卵を1つのカゴに入れて運んでいる途中で、ひっくり返ったら全部割れてしまいます。でも、小さいかごに少しずつ分けて運んだら、1つのカゴを落としても他の卵は無事ですね。投資も同じです。1つの資産にまとめて投資をするのではなく、値動きが違うものに分けて投資をすることで、ブレ幅（リスク）を減らすことができます。

●長期積み立て投資

時間をかけて、少しずつ積み立てする方法です。分散投資のメリットと同じで、一時にまとめて投資するよりも、少しずつ時期をずらして「時間分散」することでリスクを軽減する効果があります。

預貯金、債券、株式、投資信託のリスクとリターンの関係を図で示すと下記のようになります。「投資信託」のリスクは、商品によってさまざまです。ブレ幅（リスク）を小さく抑えて安定的な運用を目指すものもあれば、リスクは高めだけれど、積極的に利益を求めて運用するものもあります。ただ、1つの会社の株を持つのではなく、複数の株や債券に一度に投資ができるという意味で、投資信託は「分散投資」の効果が高い商品と言えます。

金融商品のリスクとリターンの関係

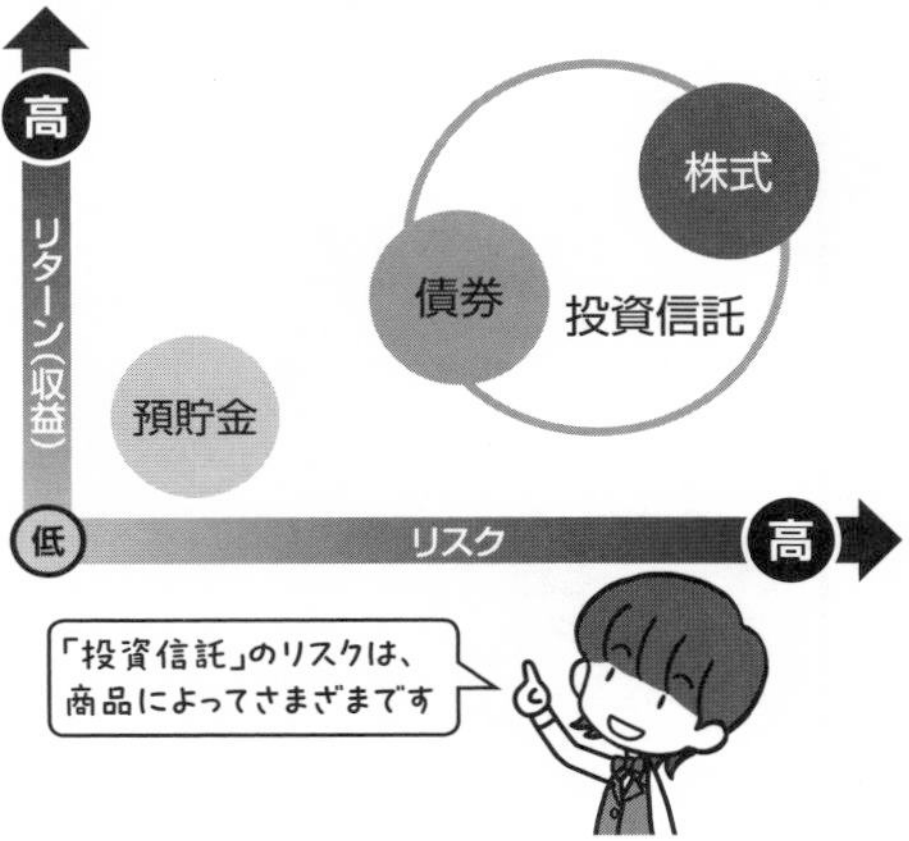

LESSON 38

利息のしくみ

お金を増やすために知っておきたいのが「利息」のしくみです。94ページの「知っておきたい金利のしくみ」のところで説明したので「どこかで聞いたな」と思い出した人は立派です。

「利息」とは、「お金の借り賃＝レンタル料」のことです。そして、「金利」は、一定期間に受け取る（払う）利息の割合のことを言います。

ここでいう「利息って貸すときの話？　借りるときの話？」ちょっと混乱しますよね。実は、私もはじめて聞いたときよくわからなくて頭を悩ませた記憶があります。図で見るとわかりやすいですね。

利息のしくみ

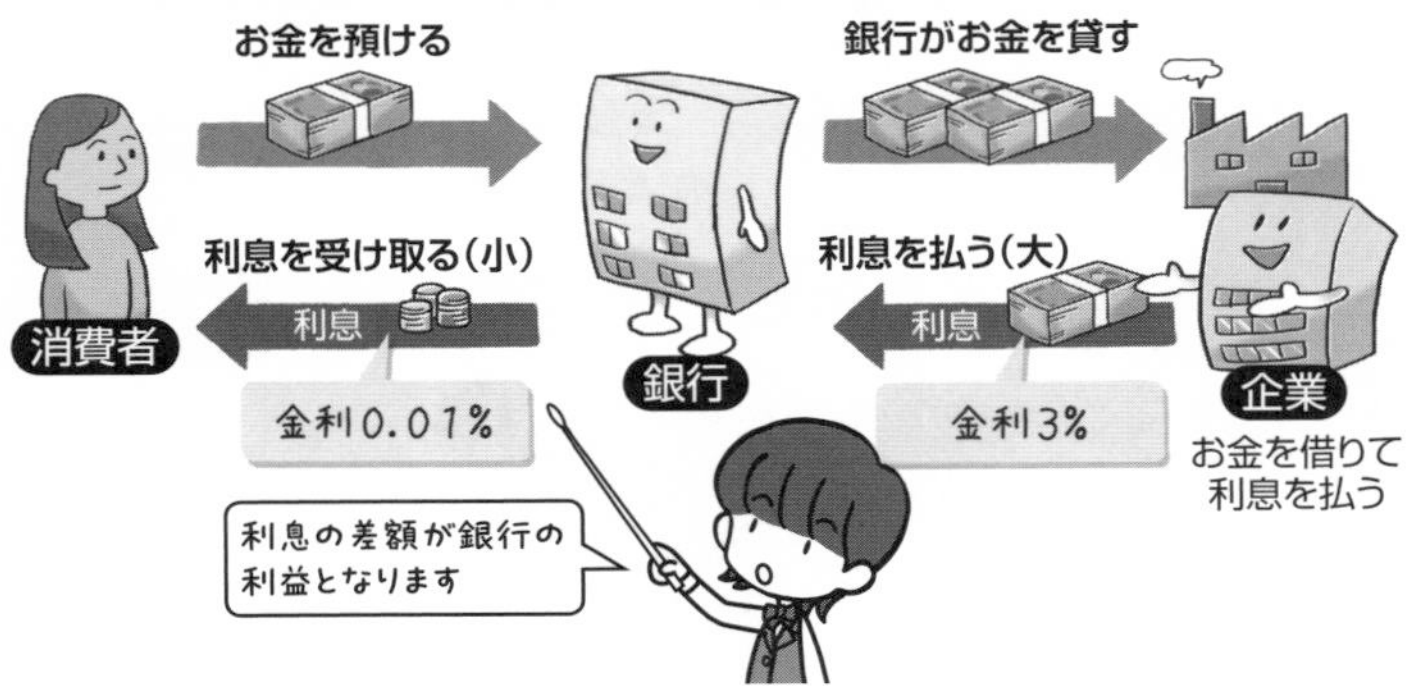

貸した側は利息をもらう、借りた側は利息を払う、双方向に関わってくるのが利息なのです。企業にお金を貸すことによってもらう利息と、お金を預けてくれている消費者へ支払う利息の差額分が銀行の利益になります。

みなさんが、銀行にお金を預ける場合は「銀行にお金を貸している」のと同じことになるので、「利息」をもらう側になります。残念ながら、今は低金利でもらえる利息はとても少ないのが現状です。ただ、銀行によって金利は違いますので少しでも高いところを選んで預けるようにしましょう。

単利と複利を比べてみよう

利息の計算方法は2種類あります。元本に

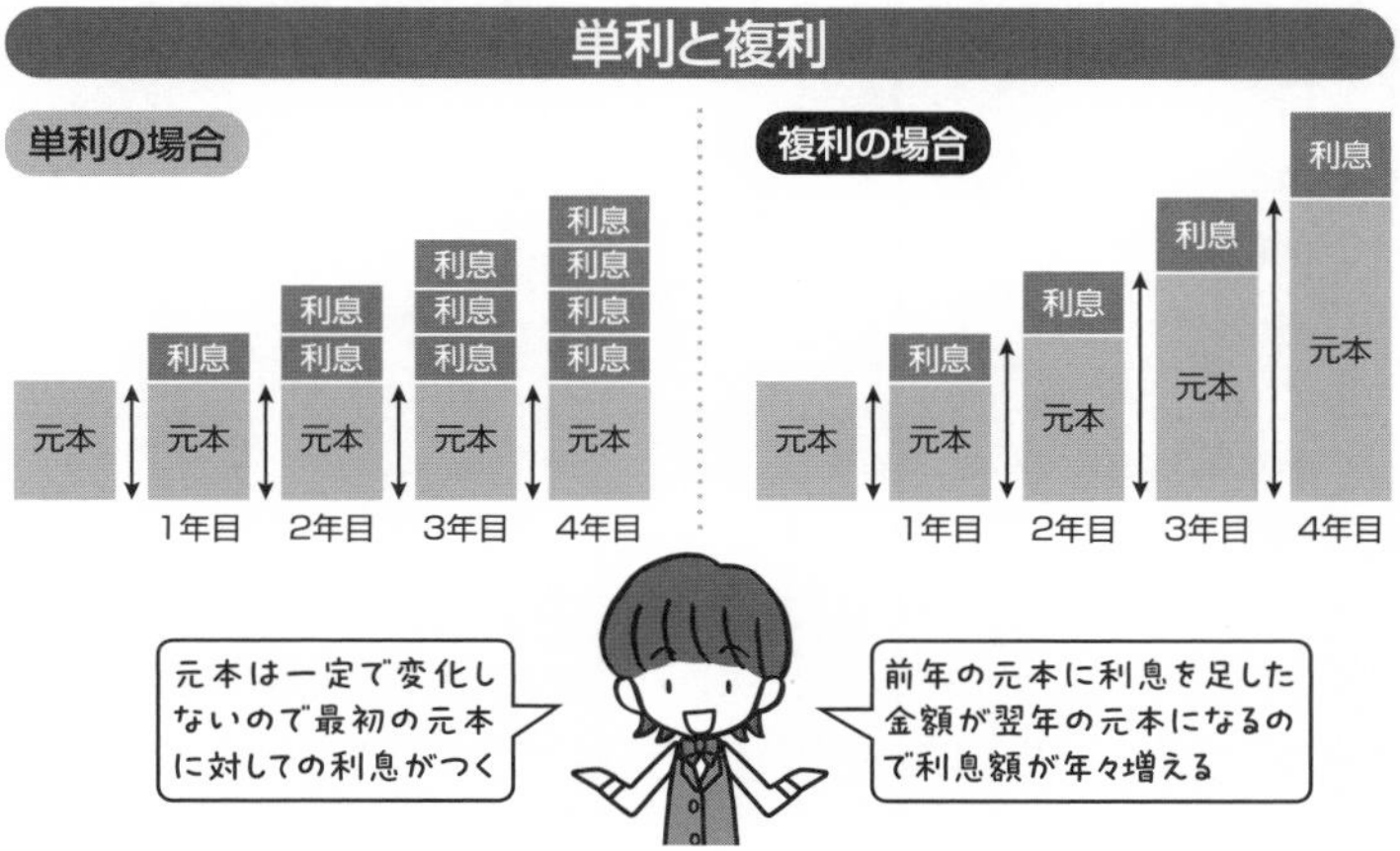
単利と複利
単利の場合
元本
利息
1年目
2年目
3年目
4年目
複利の場合
元本は一定で変化しないので最初の元本に対しての利息がつく
前年の元本に利息を足した金額が翌年の元本になるので利息額が年々増える

対してのみ利息がつく「単利」と、元本に利息を加えた金額に対して利息がつく「複利」です。お金を運用する場合、どちらが有利だと思いますか？「複利」の場合、「元本と利息を合計した金額」をベースに利息が加算されていきます。利息が利息を生むので、単利と比べると増加率が大きくなります。

では、100万円を金利1％（年率）で運用した場合、単利と複利でどれくらい増えるかを比べてみましょう（税金は考慮していません）。

100万円の1％は1万円ですので、単利だと、1年後には利息が1万円加

100万円を金利1％（年率）で運用した場合

＜単利の場合＞

1年後 ……… 101万円
2年後 ……… 102万円
3年後 ……… 103万円
10年後 …… 110万円

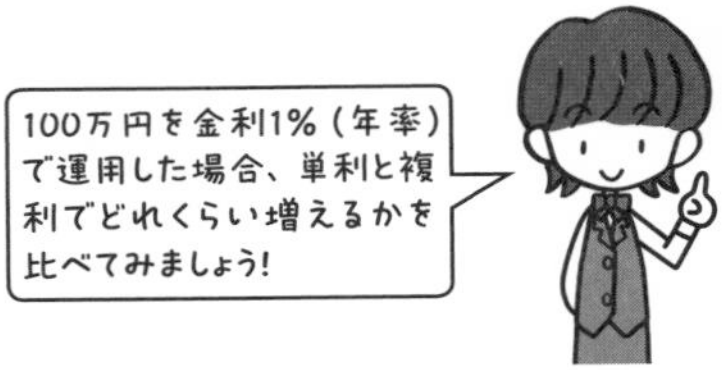
100万円を金利1％（年率）で運用した場合、単利と複利でどれくらい増えるかを比べてみましょう！

＜複利の場合＞

1年後 ……… 101万円
2年後 ……… 102.01万円（101万円×1.01＝102.01万円）
3年後 ……… 103.0301万円（102.01万円×1.01＝103.0301万円）
10年後 …… 110.4622万円（100万円×1.0110＝110.4622万円）

算されて101万円になります。利息は元本にしかつかないので、毎年1万円ずつ増え、2年後は102万円、3年後は103万円と増えていって、10年後は、利息が10万円加算されて、110万円になります。わかりやすい計算ですね。

一方、複利の場合、1年後は101万円で同じですが、2年後は、1年目の利息1万円を足した101万円が元本になって、それに対して利息が付きます。同じように10年後は、1・01を10回掛け合わせて、110・4622万円となります。利息のトータルは約10・46万円で、単利と比べると、約4600円多くなります。

☆ワーク　利息計算にチャレンジ
100万円を年利回り3%で10年間、運用できた場合、単利、複利の場合で、それぞれいくらになっているでしょうか?

計算できましたか? 単利計算だと30万円ですが、複利で運用出来れば約34・4万円増加します。差額は4・4万円、ずいぶんと差が出ましたね。運用できる期間が長いほど、複利の効果が大きくなるため増える割合も大きくなります。

今度は、コツコツと積み立てしながら、複利で運用した場合、どれくらい増えるか見てみましょう。

¥ 積み立て運用した場合の効果

毎月1000円ずつ20年間、積み立てしながら運用した場合は、下記のようになります。

毎月コツコツと積み立てれば、運用をしなくても24万円は確実に貯めることができます。でも、運用利回りが年平均1％、3％で、1年複利で積み立てしながら運用することができれば、もっと増やすことができますね。

毎月1000円ずつ20年間運用しながら積み立てた場合

積立合計額 … 24万円（1年複利計算の場合）

※税金・手数料は考慮していません。

積み立てしながら運用すれば、
もっと増やすことができます

運用利回り	積み立て元本	20年後のお金	運用益
0%	240,000円	240,000円	**0円**
1%	240,000円	265,561円	**25,561円**
3%	240,000円	328,302円	**88,302円**

※金融庁　資産運用シミュレーションで試算

¥ 72の法則って何?

「72の法則」とは、複利で運用した場合に「何年でお金が2倍になるか?」がわかる計算式のことをいいます。

72÷○%(金利)=お金が2倍になるまでのおおよその年数

金利が3%ならば、24年で2倍(72÷3%=24年)になるということです。今は、銀行の金利は低いので、3%で確実に増える商品はありませんが、上手に投資して年平均3%で複利運用することができれば、今手元にある10万円を24年後には2倍の20万円に増やすことができるということです。

日本では、長い間、超低金利が続いているため、銀行などにお金を預けても利息は年利0・002%(2023年3月現在)程度しかつきません。0・002%を「72の法則」に当てはめてみましょう。なんと2倍になるまで3万6000年(72÷0・002%=3万6000年)もかかることになります。ありえない年数ですね(笑)。上手に投資して運用することができれば、みなさんが生きている間に資産を2倍に増やすことは難しいことではありません。投資に興味をもって少しずつ勉強してみてくださいね。

投資には、個人のお金を増やすという目的だけでなく、企業や社会全体の経済成長を支えるという大切な役割があります。企業に投資したお金は、新しい事業を行ったり、設備投資をして工場を大きくしたりするための資本となり、企業の成長につながります。企業活動が活発になって利益が増えると、働く人たちのお給料も増えて、消費も活発になります。結果、経済活動が活発になって日本の経済成長にもつながります。

「貯蓄から投資へ」というフレーズを聞いたことがあるでしょうか？これは、2001年に政府が打ち出したスローガンです。個人が持っているお金を投資に回すことで、個人も資産を増やし、日本全体も成長できるようにという想いが込められています。

最後に「貯蓄から投資へ」を促進するために国が用意した制度を見てみましょう。

LESSON 39

「NISA（国の制度）」を活用しよう

「ＮＩＳＡ（ニーサ）」や「つみたてＮＩＳＡ（ニーサ）」という言葉を聞いたことがありますか？　このところニュースなどでもよく取り上げられているので、「知っている」または「ちょっと気になっている」という人も多いのではないでしょうか。「ＮＩＳＡってどこで買うんですか？」と聞かれることがあるのですが、「ＮＩＳＡ」は、金融商品の名前ではありません。

「ＮＩＳＡ」とは個人が資産を増やしやすいように国が用意した「個人投資家のための税制メリットがある制度」で、18歳から始めることができます。「ＮＩＳＡ」の正式名称は「少額投資非課税制度」です。「Nippon（日本の）　Individual（個人）　Savings（貯蓄）　Account（口座）」のそれぞれの頭文字をとって「ＮＩＳＡ」という愛称になりました。

ＮＩＳＡは「税制メリットがある制度」とのことですが、「税制メリットって？」これまた難しいですね。まず、ＮＩＳＡを始めようと思ったら、銀行や証券会社などで「通常の口座（税金がかかる課税口座）」とは別に「ＮＩＳＡ口座（税金がかからない非課税口座）」をつくります。その口座の中で運用すると「税金を払わなくていいよ」というのが「税制メリット」です。

通常の口座（課税口座）の場合、銀行預金の利息や、投資から得た収益を受取るとき、約20％（20・315％
所得税・復興特別所得税15・315％、地方税5％）の税金を払います。お給料をもらった時に税金（所得税）を納めるのと同じで「利息や運

金融庁のNISA特設サイト

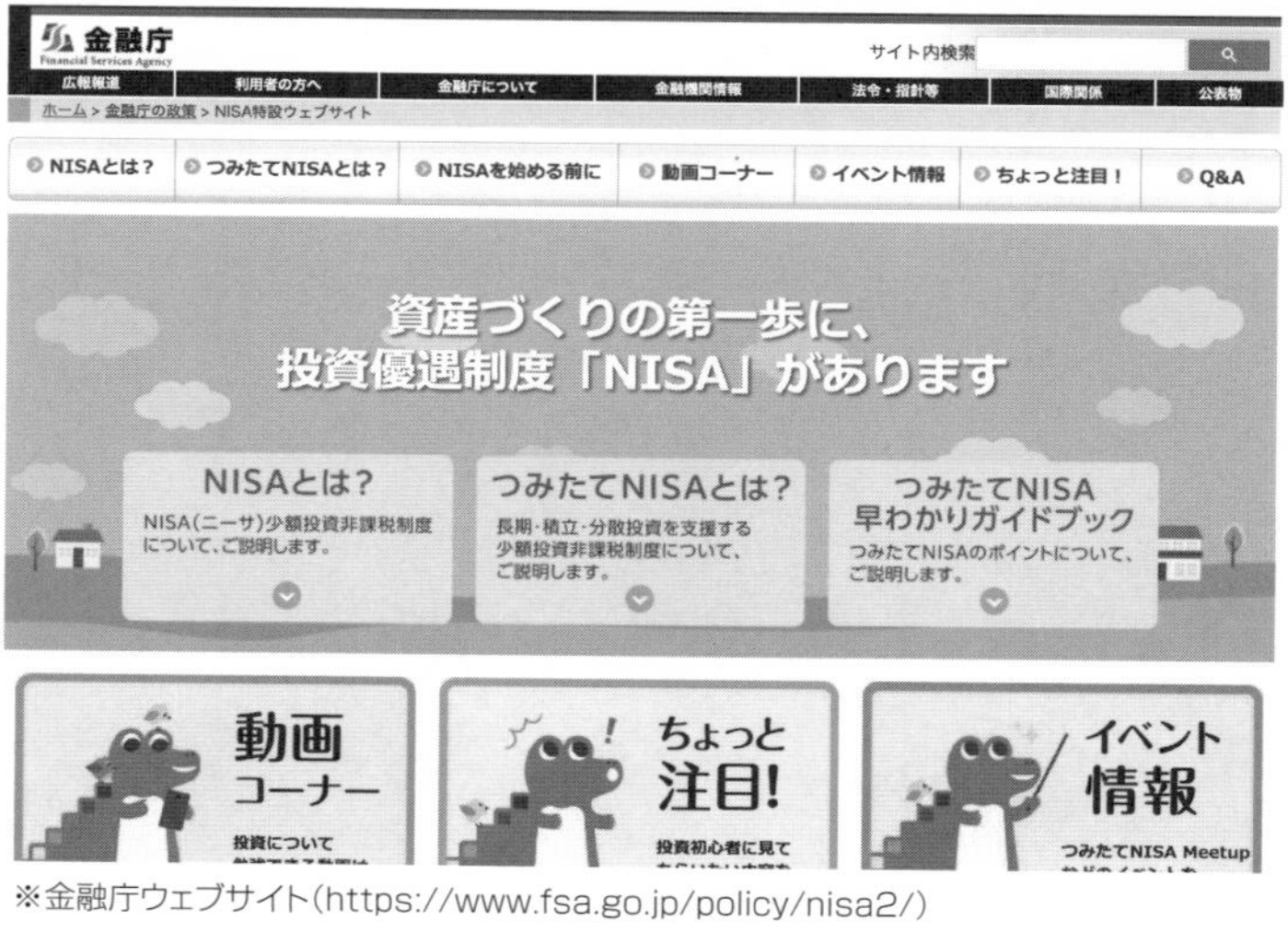

※金融庁ウェブサイト（https://www.fsa.go.jp/policy/nisa2/）

用益として、もうかった場合は税金を払いましょう」ということです。しかし、「NISA口座（非課税口座）」で運用する場合は、配当や収益に税金がかからず、利益をまるごと受け取ることができます。結果、「通常の口座（課税口座）」で運用する時と比べて、NISA口座のほうが利益が出た場合の手取り額が大きくなります。

NISAには「つみたてNISA」と「一般NISA」の2種類があります。私は若いみなさんが投資を始める場合は「つみたてNISA」をお勧めしています。理由は、そもそも選ぶことができる対象の商品が「手数料が低水準」で、投資の基本である「分散投資・長期積み立て」に適した「投資信託」に限定されているからです。わかりやすく言うと「短期間で2倍に増えたりはしないけれど、半分に減ってしまうこともない、安定的な運用を目指したリスクが低めの商品」からしか選ぶことができないということです。一方「一般NISA」は、選択肢が多く、個別の株式などでも運用することができます。

2024年からは「NISA」のしくみが大きく変わります。つみたてNISAは「つみたて投資枠」、一般NISAは「成長投資枠」という分類になり、両方合わせて年間360万円まで投資ができるようになります。年間360万円、月額にすると30万円なのでかなり大きな額です。まずは「つみたて投資枠」でコツコツ貯めることから始め、投資に慣れてきたら個別の株式も選べる「成長投資枠」にチャレンジするのもよいかもしれませんね。

最後に、NISAのメリットを中心にお伝えしてきましたが、注意点は「元本保証は無い」という点です。また、課税口座で可能な「損益通算」(同じ年の利益と損失を相殺できること)は、「NISA口座」ではできない点も気をつけてくださいね。

金融機関によって100円程度から積み立てができるところもあります。まずは「NISA」について、少しずつ理解を深めて少額からでも始めてみてください。

インフレに負けないように「投資」を考えてみよう

物価が上がることを「インフレーション」といいます。2022年2月に始まったロシアによるウクライナ侵攻の影響で原油などの資源価格が高騰《こうとう》したこともあり、日本国内の物価も上昇しています。総務省が発表した2022年12月の消費者物価指数CPI※は、1年前の2022年の12月と比べて3・1%も上昇しました。

※全国の消費者が購入する段階の物価(商品の小売価格)の変動を時系列的に測定する指数。

みなさんにとって身近な、食べ物や衣類なども値上げされている中、働いて稼ぐ「賃金」があまり上昇していないことが問題視されています。「将来にわたり、会社からのお給料で生活していけるだろうか?」と不安を抱えている若者も増えているように思います。

インフレの怖いところは、お金の価値が目減りしてしまうことです。今年は1000円で買えたモノが、翌年は1200円に値上がりすると、後で買おうと1000円を大事にとっておいても、来年には買えなくなってしまいます。「モノ自体」は変わってないのに、同じ金額では買えないという状況は、実質のお金の価値(貨幣価値)が下がることを意味します。インフレになって物価が上昇すると、利息がほとんどつかない預貯金で元本をしっかり守っていても、資産が目減りすることになります。

これから長い時代を生き抜くみなさんにとっては「インフレに負けないように、投資をして増やしていく」ことが、ますます重要になると思います。

自己投資をして、スキルアップしよう!

投資という言葉は「資(お金や財)を投げる」と書きますが、「投げる」方向はあなたの未来です。将来プラスになって自分のところに返ってくるように「投資」をするのです。

この章では「お金を増やす投資」について考えてきましたが、お金を増やす目的以外の「投資」もあります。

それは「自分自身への投資(自己投資)」です。

例えば、将来、海外で働きたいので英語力を極める。ずっと健康でいられるように、毎日ジョギングを続ける。これらも自己投資です。学校で興味のある教科を頑張って勉強したり、資格やスペシャルな技術を習得したりすることで、将来あこがれの仕事に就くこともできます。

自己投資で身につけたスキルを活かすことで「自分の市場価値」を高めて、さらに高いお給料を得ることができるチャンスも増えます。

お金の知識を身につけて「投資」をするのと同様に、あなた自身を高める「自己投資」もがんばってくださいね。

第9章

将来のお金の計画を立ててみよう

LESSON 40

ライフプランとお金について考えてみよう

あなたは、これからどんな人生を送りたいですか？

正直、私は若いころは、自分の人生やライフプランについて、まじめに考えることはほとんどなかったように思います。(「自分の人生計画についてしっかり考えてます」という人は、すばらしいです！)計画なんて立てたところで将来何が起こるかわからないし、やりたいことだって環境だって変わるだろうし…。でも、私自身、お金の知識について学ぶ中で「自分のライフプラン(人生の計画)についてしっかり考えることが、いかに大事か？」ということがわかるようになりました。

第3章で「人生にかかるお金」について学んだのを覚えていますか？「生きていくのはタダじゃない」普通に生活しているだけでも、食費や電気代などの「お金」が必要。「家や車を買う」「進学する」「旅行に行く」「子どもが生まれる」など、大きなイベントごとにも、それぞれお金がかかります。

これらの出ていくお金のことを「支出」といいますが、無計画に使いたいだけお金を使って「支出」が多くなり、働いて入ってくるお金である「収入」よりも、「支出」の方が多くなってしまうと、お金が尽きて生活が破綻してしまいます。

この章では、みなさんが将来お金に困ることが無いように、幸せな人生を築くことができるように「ライフプランとお金の計画（ファイナンシャルプランニング）」について考えます。

「これからどんなライフイベント（出来事）があって、どれくらいのお金がかかるのか？」「やりたいことや夢をかなえるためには、いつまでにいくらお金を貯めたらいいのか？」長期的なお金の計画を立てることで「思い描いた人生を実現するための見通し」を立てることができます。ただ、いきなり「お金がいくら必要か？」の答えを出すのは難しいので、まずはライフプランニングから、段階を踏んで取り組んでいきましょう。

ライフプランとお金の計画

ステップ①
ライフプランニング

自分がどう生きていきたいか、どんな働き方や暮らし方をしたいかを考えて、自分の人生をデザインし、その「ライフデザイン」に基づいて、具体的な計画を立てること。

ステップ②
ファイナンシャルプランニング
（お金の計画）

自分の「ライフプラン」を実現するために、具体的な資金計画を立てて実行していくこと。

長期的な人生設計とお金の計画を立ててみましょう!

ステップ① ライフプランニング

自分がどう生きていきたいか、どんな働き方や暮らし方をしたいかを思い描くことを「ライフデザイン」と言います。そして、その「ライフデザイン」にもとづいて、具体的にいつ、どんなイベントがあるかなどの計画をたてることを「ライフプランニング」といいます。もちろんみなさんのライフプランはそれぞれだと思いますが、一般的な例で考えてみますね。

高校生のみなさんならば近いところで「大学への進学」大学生ならば「成人式」「自動車免許取得」「卒業旅行」や「就職」などが考えられるでしょう。少し先だと「結婚」「子どもの誕生」「マイホームの購入」など。ずっと先になると「退職」なども大きなイベントですね。

ライフイベントの例

ステップ② ファイナンシャルプランニング（お金の計画）

　次に、それぞれの大きなライフイベント（出来事）にどれくらいのお金がかかるかを予測します。大学や専門学校に「進学」すると、入学金や授業料がかかりますし、自動車免許を取るためには教習所に通う費用もかかります。「成人式の振袖代や写真撮影費用」、「留学や、資格を取得するためのダブルスクールの費用」が必要という人もいらっしゃるかもしれませんね。

　もっと先だと、49ページの「人生にはどんなお金が必要？」の項目で学んだ「住宅資金」「教育資金」「老後資金」の人生における3大資金も大きな支出になってきそうです。そし

私立大学初年度にかかる「納入金額平均額」

区分	授業料	入学料	施設設備費	合計
文科系学部	815,069円	225,651円	148,272円	1,188,991円
理科系学部	1,136,074円	251,029円	179,159円	1,566,262円
医歯系学部	2,882,894円	1,076,278円	931,367円	4,890,539円
芸術系学部	1,130,319円	242,414円	273,410円	1,646,143円
全平均	930,943円	245,951 円	180,186円	1,357,080円

※実習費　その他費用は含まず。

国立大学 … 81.78万円(標準額)

大学にかかる費用は、国立と私立を比べると大きく違います

※出典：文部科学省 私立大学等の令和3年度入学者に係る学生納付金など調査結果（単位 円）

て、入ってくるお金は、110ページで学んだ「働いて稼ぐお金」も参考にして考えてくださいね。

ステップ②のファイナンシャルプランニングでは、ステップ①で考えたライフプランを実現するために、今後どれくらいの収入が見込めそうか、いつどれくらいのお金がかかりそうかを書き出して時系列で試算します。そうすることで、理想の暮らしが実現できそうか？　実現するためにはどうすればよいか、今取り組むべき課題を見つけることができます。

なんとなく頭が未来モードに

ライフイベントごとにかかる費用

ライフイベント	費用	
留学費用	30万～150万円程度 （在学大学などの短期プログラムの場合文部科学省トビタテ留学JAPAN）	
自動車免許取得費用	平均30万円程度（AT車）	
自動車購入費用	100万～300万円（概算）	
年間維持費	年間平均13万円（車検・税金・自動車保険・駐車代など） （一般社団法人・日本自動車工業会の「乗用車市場動向調査（2019年度）」）	
結婚費用	362万円 （ブライダル総研　ゼクシー結婚トレンド調査2022）	
住宅の平均購入価格	全国平均（概算）	首都圏（概算）
建売住宅	3,605万円	4,133万円
新築マンション	4,529万円	4,913万円
中古マンション	3,026万円	3,295万円
	（住宅金融支援機構「フラット35利用者調査(2021年度)」	

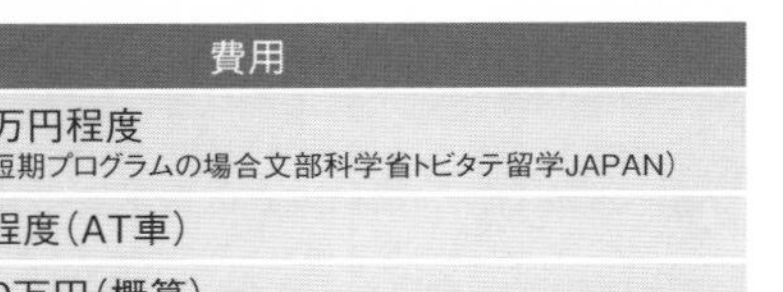
住宅にかかるお金は「新築」か「中古」、住むエリアによってもずいぶん違います

なってきましたか？

それでは、実際にステップ①②の順番で簡単に取り組んでみましょう。

まずは、下記のワークの選択肢を参考にこれからのライフプランついて考えてみましょう。将来が少しイメージ出来たら、今度は、それを選択した場合「どれくらいお金がかかりそうかな？」「仕事を始めたらどれくらい稼ぐことができそうかな？」お金についても考えてみます。

大学に行く、専門学校に行く、大学でも理系か文系か？　国立か私立か？　１人暮らしをするのか自宅から通うのか？　それぞれかかる費用

<ワーク>これからのライフプランについて考えてみよう

◆高校卒業後はどうする?
大学・専門学校へ進学・就職する・他(　　　　　　　　　　　　　　　)

◆将来どんな働き方がしたい?
会社員・公務員・漁師・農家・起業する
スキルを活かす(スポーツ選手 音楽家等)他　(　　　　　　　　　　　　)

◆どんな風に暮らしていたい?
結婚する?　しない?　子どもは欲しい?

家を買う?　賃貸に住む?

地元で暮らす?（　　　　　　）で暮らしたい

◆理想の暮らし方、やってみたいことは?
(例)毎年、海外旅行に行く　ペットを飼う　英語を使って働く　趣味を続ける

は違いますね。

どんな働き方をするか、勤める会社によって、もらえるお給料は差があります。もう少し先だと、結婚をするのか、シングルで生きるのか、家を買うのか、家賃を払って賃貸住宅に住むのか、また、都会に住むか、地方に住むかによって、住まいにかかる費用も大きく異なります。同じ会社に勤めていて同じ年齢でも、「趣味がたくさんあって贅沢に暮らしたい人」か、「つつましやかに節約して暮らすのが得意な人」かによっても必要なお金は違いますね。

ライフプランニングやお金の計画について考える際に大事なことは「みんなはどうなのか？　平均値はいくらか？」ではなく、「あなたがどんな風に生きたいのか？」「どんな人生にしたいのか？」です。人生は選択の連続です。そして、その選択1つひとつにお金が関係してきます。今は、おうちの人に養ってもらっていて、自分で考えなくても暮らすことができているかもしれませんが、大人は1つひとつ選択して生きています。みなさんも大人になったら自分で考えて選択していくことになります。

LESSON 41

ライフイベント表&キャッシュフロー表を作ってみよう

次は実践編です。とても便利なツールである「ライフイベント表」と「キャッシュフロー表」を使って、より具体的なライフプランニング、ファイナンシャルプランニングの方法について学びましょう。

ライフイベント表&キャッシュフロー表は、「夢を実現するために、とても役立つツール」です。この本では、これらを2つ合わせて「夢プランシート」と呼びますね。

- ライフイベント表……「将来の夢や目標」自分や家族がこれから生活していく上で節目となる出来事である「ライフイベント」を時系列に表にまとめたもの。
- キャッシュフロー表…ライフイベント表をもとに、将来の「支出・収入・毎年の貯蓄残高の推移」を予測した一覧表。

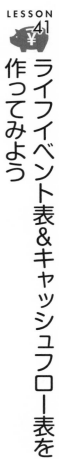

夢プランシート（ライフイベント表&キャッシュフロー表）

2030	2031	2032	2033	2034	2035	2036	2037	2038
7年後	8年後	9年後	10年後	11年後	12年後	13年後	14年後	15年後

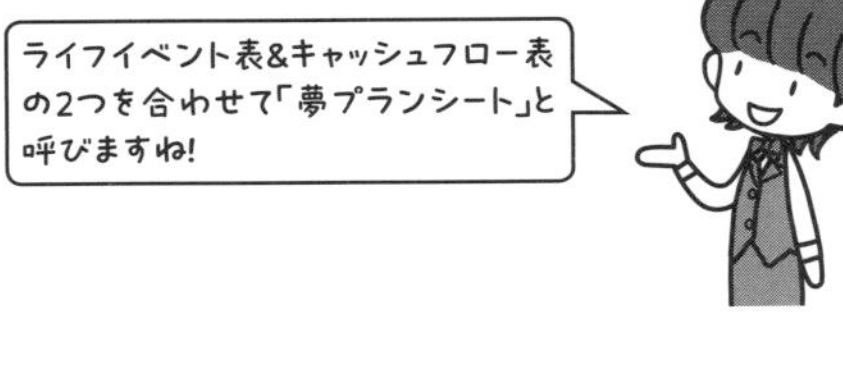
ライフイベント表&キャッシュフロー表の2つを合わせて「夢プランシート」と呼びますね!

ライフイベント表

キャッシュフロー表

自由書き込み欄

	西暦	2023	2024	2025	2026	2027	2028	2029
		今年	1年後	2年後	3年後	4年後	5年後	6年後
家族の名前	私							
ライフイベント	夢・やりたいこと							
	イベント							
収入	私の収入							
	保護者から							
	将来のパートナー							
	収入合計（A）							
支出	基本生活費							
	住居関連費							
	趣味・娯楽費							
	留学・旅行							
	子ども　教育							
	その他							
	支出合計（B）							
	年間収支（A-B）							
	貯蓄残高							

まずは、「ライフイベント表」に、自分と家族の名前（将来の家族も書いてOK）と年齢を時系列で書きこみます。その年の12月31日時点での年齢を書きこむようにします。ライフイベント欄には、将来の夢や目標、やってみたいこと、そして、予想できるイベント（出来事）を書き込みます。自分のライフイベントだけでなく、家族のイベントも書き込むことで、世帯単位でのライフプランとお金の流れ（キャッシュフロー）を把握することができます。

次に、キャッシュフロー表に、ライフイベントや生活に伴うその年の「収入」と「支出」を書き込みます。縦一列を見て、1年間の「収入合計（A）・支出合計（B）」「年間収支（A－B）」を算出して、貯蓄残高の推移を計算していくと〇年後には〇円お金が貯められそうなど、将来に向けてのお金の流れ（キャッ

夢プランシートの作成手順

ライフイベント表
キャシュフロー表
1 ライフプランを考える
2 自分と家族の名前と年齢を記入
3 ライフイベント欄に夢や予定を記入
4 イベントにかかる支出・収入を記入
5 年間の収入、支出の合計額を記入
6 年間の収支、貯蓄残高の推移を記入
夢プランシートに書き込むことで将来に向けてのお金の流れが予測できます！

シュフロー）が一目で予測できるようになります。

◆収入欄……働いて稼いだお給料、保護者からの仕送り収入など
◆支出欄……毎月の生活費、ライフイベントにかかる一時的な支出額を項目別に記入
◇年間収支…年間の「収入金額 − 支出金額」→プラスなら翌年に繰り越しできる
■貯蓄残高…前年の貯蓄残高に、その年の収支金額をプラス（マイナス）した金額

夢プランシートを作ってみるとこんないいことがある！

「夢プランシート」を作ることは、この本でみなさんが学んできたことの集大成です。自分自身の人生と向き合って、将来の夢やライフプランについて考え、生きていくために必要なお金、働いて稼ぐお金、貯めたいお金、シートに整理して見える化することで、「それを実現するためにはどうしたらいいか？」「これからどんな生き方を選択したらいいか？」のヒントが見つかります。実際に自分でやってみて感じるのが1番ですが、「夢プランシートを作ったらこんないいことがある！」一般的なメリットをお伝えしますね。

●お給料の中から毎月いくら貯金したら、いつまでに目標額を貯めることができるかをシミュレーションできる
●夢を実現するためには、毎年○円くらい稼げばよいかの見通しが立つ
●マイホームや自動車など大きなお買い物をするとき、いつ、いくらまでなら購入できるか判断ができる
●子どもが生まれたら、教育費をいつまでにいくら準備したらよいかがわかる
●ゆとりのある老後を送るためには、退職するまでにいくら貯めたらよいかわかる

長期的な視点で自分のお金の流れを俯瞰《ふかん》（高いところから鳥の目になって眺めてみる）することで、「毎月○円くらい貯蓄する習慣をつけたら、○年後には100万円貯められそう」とか、このままのお金の使い方をしていたら「将来、家計が破綻してしまいそう…」などがわかったりもします。「大切にしたい、○○（例えば：海外旅行代）は惜しまず使うけれど、○○（例えば：外食代）は、頑張って節約しよう！」など、これからどんな風にお金とつき合っていったらよいのかの目標やヒントがきっと見つかりますよ。

¥ ゆうきさんの夢プランシート例を見てみよう

ゆうきさんの夢プランシート例

	西暦	2023	2024	2025	2026	2027	2028	2029	2030	2031	2032	2033	2034	2035	2036	2037	2038
		今年	1年後	2年後	3年後	4年後	5年後	6年後	7年後	8年後	9年後	10年後	11年後	12年後	13年後	14年後	15年後
家族の名前	ゆうき	18	19	20	21	22	23	24	25	26	27	28	29	30	31	32	33
	ゆうすけ（父）	46	47	48	49	50	51	52	53	54	55	56	57	58	59	60	61
	ゆうこ（母）	44	45	46	47	48	49	50	51	52	53	54	55	56	57	58	59
	将来のパートナー											28	28	28	28	28	28
ライフイベント	夢・やりたいこと	アルバイト	一人暮らし		留学	海外旅行				旅行		結婚					
	イベント	高校卒業	大学入学	成人式		大学卒業	就職							子ども誕生 1人目			子ども誕生 2人目
収入	ゆうきの収入	6	84	84	84	84	250	260	270	280	290	300	310	320	330	340	340
	保護者から	12	120	96	176	96											
	将来のパートナー											300	300	200	200	300	200
	収入合計（A）	18	204	180	260	180	250	260	270	280	290	600	610	520	530	640	540
支出	基本生活費		72	72	72	72	120	120	120	120	120	240	240	240	240	260	260
	住居関連費		72	72	72	72	72	72	72	72	72	144	144	144	144	144	144
	趣味・娯楽費	6	6	24	24	24	48	48	48	48	48	60	60	60	60	60	60
	留学・旅行				80	20				20		80					
	子ども　教育													50	30	30	50
	その他			10								200	20	20	20	20	20
	支出合計（B）	6	150	178	248	188	240	240	240	260	240	724	464	514	494	514	534
	年間収支（A-B）	12	54	2	12	-8	10	20	30	20	50	-124	146	6	36	126	6
	貯蓄残高	12	66	68	80	72	82	102	132	152	202	78	224	230	266	392	398

収支がマイナス

400万円程度貯まりそう

キャッシュフロー表部分をズームアップした表

	西暦	2023	2024	2025	2026	2027	2028
		今年	1年後	2年後	3年後	4年後	5年後
収入	ゆうきの収入	6	84	84	84	84	250
	保護者から	12	120	96	176	96	
	将来のパートナー						
	収入合計（A）	18	204	180	260	180	250
支出	基本生活費		72	72	72	72	120
	住居関連費		72	72	72	72	72
	趣味・娯楽費	6	6	24	24	24	48
	留学・旅行				80	20	
	子ども　教育						
	その他			10			
	支出合計（B）	6	150	178	248	188	240
	年間収支（A-B）	12	54	2	12	-8	10
	貯蓄残高	12	66	68	80	72	82

前年の貯蓄残高は翌年の貯蓄残高に繰り越します

＜貯蓄残高の計算方法＞

2024年の収入合計**204万円（A）** － 支出合計**150万円（B）** ＝ 年間収支**54万円（A−B）**

2023年の貯蓄残高**12万円** ＋ 2024年の年間収支のプラス分**54万円** ＝ 2024年の貯蓄残高**66万円**

スペースの関係で15年後までしかありませんが、実際はもっと長い期間で作成することが多いです。何歳までという決まりはありませんが、人生100年時代なので、100歳までのキャッシュフロー表を作って、一生涯のお金の流れを予測することもできます。若いみなさんのライフプランはこれからどんどん変化すると思うので、まずは、15年から20年先くらいまでで作ってみると良いでしょう。

ゆうきさんの場合は、大学卒業の年である4年後と、結婚する予定の10年後の年間収支はマイナスになっていますが、その他の年は貯蓄が着実に増えているので、15年後には400万円程度貯められそうです。

一方、収入に対して支出額が大きくなり、年間収支のマイナスが続いたりすると、貯蓄が底を尽いてしまうこともあります。その場合は、収支がマイナスにならないようにするためにはどうしたらよいか、対策を考えます。

お金を増やす方法は「収入を増やす」「支出を減らす」「資産運用で増やす」の3つしかありません。「副業にチャレンジする、自分やパートナーの働き方を変えるなどで収入を増やすことができないか?」「娯楽費や家計支出の中で削減できる部分はないか?」また「今あるお金を運用して増やすことはできないか?」いろんな角度から対応策を考えて、総力戦で取り組みます。

プロのファイナンシャルプランナー（FP）も、お客様から相談を受けたとき、現状の家計収支をもとにキャッシュフロー表を作成します。課題点が見つかれば「理想のライフプランの実現、貯蓄目標を達成するためには、どの支出を減らしたらいいのか？」「収入を増やす方法はないか？」など、お客様と一緒に検討して、改善策をご提案します。実際にファイナンシャルプランナーがお客様から相談を受ける場合は、「保有している金融資産の運用利回り」「物価の変動率」「収入の上昇率」なども考慮して、より精度の高いキャッシュフロー表を作成します。学生さんの場合は、将来への不確実性が高いので、今の段階で完璧なキャッシュフロー表を作るのは難しいと思います。精度の高いものを目指すよりも、まずは自分で手を動かして、理想の将来をイメージしながら、自分の夢プランシート（ライフイベント表＆キャッシュフロー表）を作ってみてください。

パソコンが得意な人は、表計算ソフトなどを使って自分で作ってみても良いですね。また、無料でダウンロードできる自動計算機能がついたエクセルのキャッシュフロー表などもありますので、そういったものを活用するとより簡単に作ることができます。数字を入れ替えるだけで、簡単にシミュレーションできるのでお勧めです。

●日本FP協会(http://jafp.or.jp/know/fp/sheet/)

そして、もう1つ大事なこと。キャッシュフロー表は将来のお金の流れをシミュレーションするものなので、今後の選択次第でシミュレーションした数字は変化します。「1回作ったらそれで終わり」ではなく、人生の節目節目で何度も見直すようにします。

まずは、自分でやってみること、ざっくりとした作り方を知って「キャッシュフロー表を作る意味、メリット」がわかるだけでも素晴らしいです。将来、ファイナンシャルプランナーに相談しなくても、自分でいつでもキャッシュフロー表を作ることができるようになれば、すごいと思いませんか?

☆ワーク　あなたの夢プランシートを作ってみよう

自分のありたい将来を実現するために、次ページにある「夢プランシート(ライフイベント表&キャッシュフロー表)」を実際に作ってみましょう。

まず、上段(ライフイベント表)に自分と家族の名前、年齢の推移を書いてみましょう。次に、大学進学、就職、家族が増える、などの「ライフイベント」を書き込みます。「夢・やりたいこと」の欄には、アルバイトをする、資格を取得する、旅行に行く、など自由に書き込みます。将来をイメージして楽しくやってくださいね。自分が30歳になったとき「家族は何歳になっているかな?」「親はもうリタイヤしているのかな?」表を埋めながら想像してみるだけでもきっと多くの気づきがありますよ。未来に目を向けることで、自分の人生やこれからについて考えるきっかけになります。

次は下段「キャッシュフロー表」に、働いて稼ぎたい収入額、ライフイベントや住まいにかかる費用、生活費等を書き込みます。実現したい夢や目標、それにかかるお金も支出欄に記入して、年間の収支を計算します。「この年は〇円位貯められそう」など、数字で確認することで「理想の暮らしを送ることができそうか?」「10年後、20年後にどれだけお金を貯めることができそうか?」見通しを立てることができます。

赤字になってしまいそうな場合は、ライフイベントの内容や暮らし方、支出を見直します。

<ワーク>あなたの夢プランシートを作ってみよう

2030	2031	2032	2033	2034	2035	2036	2037	2038
7年後	8年後	9年後	10年後	11年後	12年後	13年後	14年後	15年後

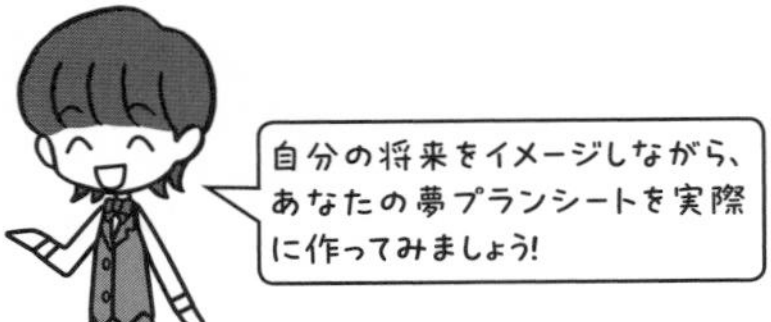
自分の将来をイメージしながら、
あなたの夢プランシートを実際
に作ってみましょう!

	西暦	2023	2024	2025	2026	2027	2028	2029
		今年	1年後	2年後	3年後	4年後	5年後	6年後
家族の名前	私							
ライフイベント	夢・やりたいこと							
	イベント							
収入	私の収入							
	保護者から							
	将来のパートナー							
	収入合計（A）							
支出	基本生活費							
	住居関連費							
	趣味・娯楽費							
	留学・旅行							
	子ども　教育							
	その他							
	支出合計（B）							
	年間収支（A-B）							
	貯蓄残高							

いろんなパターンでシミュレーションしたり、改善策を考えたりすることで「理想の人生を送るためにはどうしたらいいのか?」「今すべきことは何なのか?」が見えてきます。「将来の自分のありたい姿」から逆算してみることで「これからどんな風に生きていったらいいのか?」「どうやってお金とつき合っていったらよいか?」ヒントが見つかると思います。

対面の授業では、実際に手を動かして夢プランシート(ライフイベント表&キャッシュフロー表)を作ってもらっています。仲間が作った夢プランシートを共有して比較したり、課題のキャッシュフロー表をもとにグループで改善策を考えたり、学生さんたちが主体となって取り組むようにしています。

実際に作成に取り組んだ学生さんからは、「一生懸命作ってみたら自分の将来の暮らしがイメージできてよかった」「希望通りの人生でお金を貯めるのは難しいことがわかった」「働いて収入を得ることの大切さに気づいた」そのほかに「コツコツ積み立てて運用したら結構お金が増えてびっくりした」「世の中にキャッシュフロー表という便利なツールがあることを知って感動した」「社会人になったら、節目節目で、何度も夢プランシートを作るようにしたい」といった感想をいただくことが多いです。

実際に作成するときは、あまり難しく考えず「将来こんなことをやってみたいな～」とか「これくらい稼ぎたいな～」など理想を思い描きながら、まずは気楽に取り組んでくださいね。あれこれ数値を入れ替えてみたりしながら試してみると、いろんな発見があって楽しいですよ。実際に自分のものを作ってみると「夢プランシートってすごいな！ 将来の役に立ちそうだな」ということが、きっとわかると思います。

私は、若い人たち全員に「人生を豊かにするために！」「自分でお金のマネジメントができるように！」、夢プランシート（ライフイベント表＆キャッシュフロー表）を作ることを習慣にしてほしいと思っています。

夢プランシートを作って、
お金のマネジメントが
できるようになりましょう!

コラム

「自分がどうなりたいか」わからないのはダメなこと?

ライフプラン表、キャッシュフロー表を作るとき「なんとなく就職して、そこそこ収入を得て、人並みの生活をして、定年まで働いて…」平均的な数字を入れるのは簡単です。

でも、ぜひこのタイミングで「自分はどんな人生を送りたいのか?」「どんな生き方がしたいのか?」「どれくらい稼げる人になりたいのか?」じっくり考えてみてください。

自分自身が納得できる、理想の人生を送るために、まず大事なことは「自分を知ること」です。「自分はどんなことを大切に生きているのかな?」「どんな暮らしをしていると幸せだと感じるのかな?」を考えてみましょう。今までの人生を振り返ってみるのも良いですね。「野球部で全力投球していた時が1番充実していた」「受験勉強を頑張って合格した時が人生で1番うれしかった」など、過去の経験から「自分の大切にしたい価値観」が見つかることもあります。

「自分がどうなりたいのか、何をやりたいのか?」わからないのは、自分の可能性に気づいていないだけかもしれません。「将来の方向が見えない」と感じている人は、自分が見ている先がどんな場所なのか、知らないだけかもしれません。そして「できない」と感じていることは、実は「やっていないだけ」なのかもしれません。

みなさんのこれからは可能性であふれています。いろんな人と出会い、たくさん良い経験を重ねてくださいね。

おわりに

世の中の情報にアンテナをはって、〝お金〟と上手につき合って！

この10年を振り返ってみるだけでも、「〇〇ＰＡＹ」「仮想通貨」など、キャッシュレスがあたり前になって、お金の形はどんどん進化してきました。全国旅行支援やマイナポイント還元、申請しないともらえない「〇〇給付金」など、しくみを知らないと使えない（恩恵を受けられない）制度も増えています。

また、低金利で銀行に預けてもお金が増えない今、大学生など若い世代から「投資をやってみたい、お金の増やし方について学びたい」という声が多く聞かれるようになってきました。国が個人の資産形成を促すために推奨している「ＮＩＳＡ（ニーサ）」も２０２４年から拡充されます。「しくみをしっかり学んでコツコツ資産形成を始める人」と「興味ない、よくわからないからやらない！」という人では、将来の豊かさに大きく差がついてしまう可能性があります。

この本では、30代のころの私がファイナンシャルプランナーの資格を取るために学んでよかったと思ったこと、そして、これまで多くの学生さんに「お金の授業」をしてきた中で頂いた「今、知っておいてよかった」「大切なお金の知識を教えてくれてありがとう」等のたくさんの感想を思い出しながら、私が実践してきたことをまとめました。でも「お金のあり方」や「お金にかかわる制度」は、これからもどんどん変わっていきます。

もし、「この本を読んでためになった！」と思ってくださるならば「お伝えした〝知識〟を暗記しよう、覚えておこう」ではなく「〝お金〟に興味を持って〝自分のために学び続けよう〟」と心に決めてください。

お金はあなたが「幸せになるための道具」です。最新情報をアップデートして、仲良く上手につき合えるようになってください。

自立して生きていける人になろう

この本では「お金の知識」を中心にお話をしてきました。「人生にかかるお金のことを知って、貯めて、上手に使って」でも、実はそれ以上に大切なのは「働いて収入を得る」ことです。いくらお金の使い方が上手でも、資産運用について学んでも、先立つものである「収入」がないと、生きていけないからです。